# ともに生きる

## 僕の自立生活と人生
## ありのまま

鈴木敬治

山吹書店

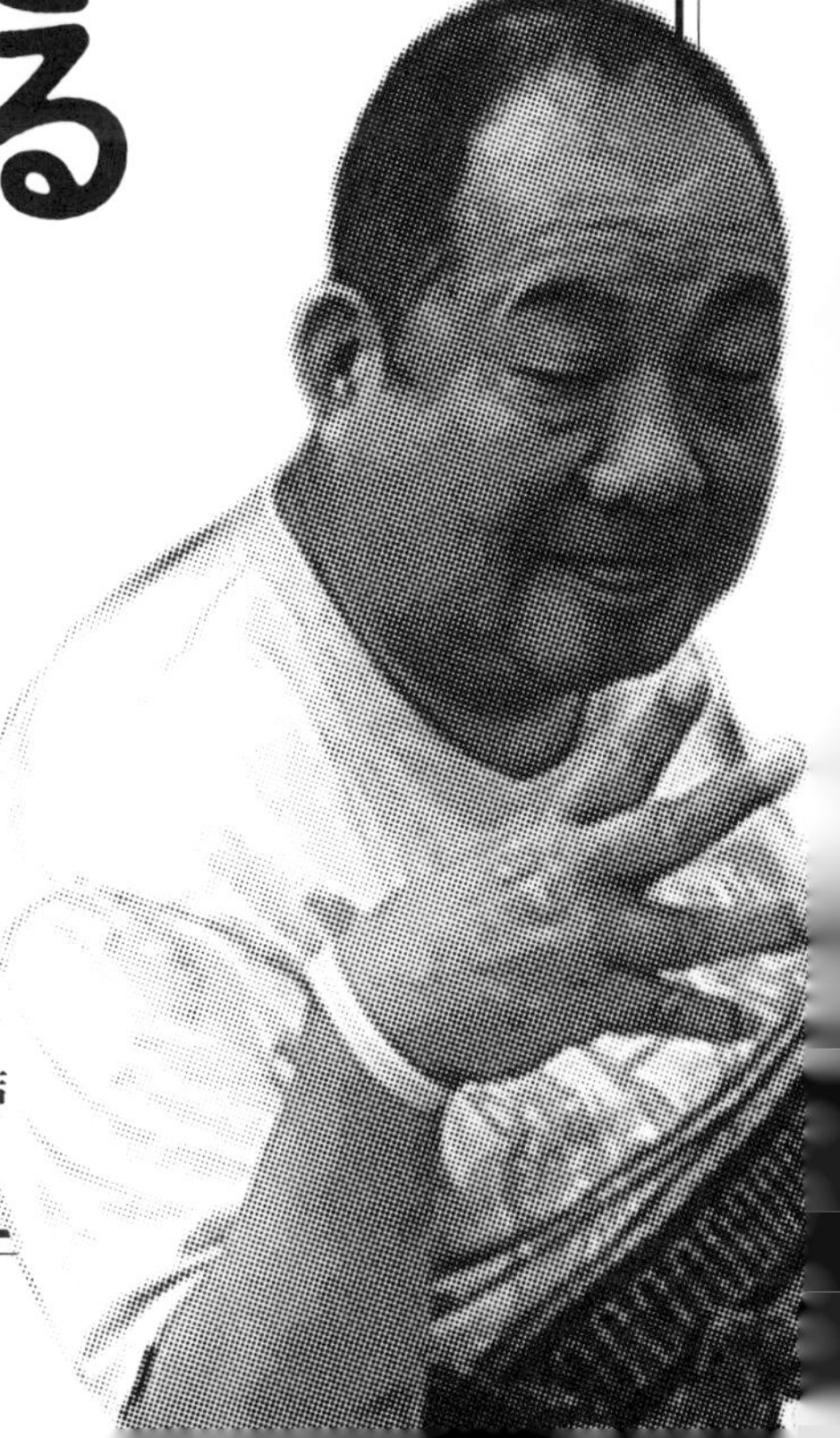

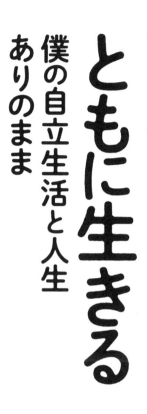

# この本について

僕の名は鈴木敬治という。障害者運動界隈《かいわい》では少し前はちょっと知られていた（今は違うかもしれないけど）。なぜって？　介護保障訴訟を二度起こして、実質的に勝利したからだ。行政は正当な理由なく僕の移動時間を削ってきた。僕だけじゃなくて、区の障害者全員の時間を削ってきた。おかしいと思い、裁判を起こしたんだ。支援者みんなの協力があって勝てた。でも、僕は特別な障害者なわけじゃない。それまでは、スポーツと音楽が好きなただのひとだった。言語障害もあるので周りから相手にされず、気分次第でいろんなところに顔を出していた。

裁判は正直きつかった。我慢して裁判所に行き、つまんない話を聞く。やめたかった。けれども、支援者のおかげで踏ん張りがきいた。障害者の僕とともに生きてくれたんだ。

「共生」というのはこのことだと思う。世の中では「共生」社会とか、「ともに生きる」とかいうが、それは簡単なことじゃない。ときにひとはぶつかってケンカする。残念だけれど、そのまま別れてしまうときもある。でも、そこで逃げることなく、向き合ってほんとの話ができるようになるときもある。それは珍しいことで、よくあることではないかもしれない。しかし、確実にある。僕は、人生とは、そんな経験を求める冒険だと思う。

この本の目的はその冒険を書くことだ。自分の弱さも含めて、自分のこれまでの生き方を振り返ってありのままに書くことだ。僕の冒険は成功しているのか、失敗しているのかまだわからない。それでも書きたいんだ。

この本の前半（第一部）では、僕が生まれてから、一人の人間として自分の冒険に取り組み始めるまでの話を書いた。学校に入り、自分の生き方を考えるような出来事を経験し、悩み始める。自分がどう生きるか迷いながら答えを出せずに、友だちと遊んだり、ケンカしたり、恋をしたりする。家族にも社会にも反発して、寄り道をしながら、自分一人で生きるんだと意気込んで自立生活を始める。でも、生活するなかでひとと出会い、自分の弱さや大事なものを見つけていく。それは何に取り組むべきかを探す道筋だったのだと思う。

この本の後半（第二部）では、僕自身の冒険、いいかえれば、二度にわたる裁判と、自分と仲間がつくった介護事業所の話を書いた。裁判はいうまでもなく、障害者差別との闘いだった。事業所運営はいわゆる「障害者」と「健常者」がどうやってともに生きていくのかという実験だ。結果、裁判には勝てた。他方、事業所運営ではいったん挫折した。その原因の一つには僕自身の弱さがあった。だが、それであきらめるわけにはいかない。もう一度、挑戦するために、新しい事業所を立ち上げようと思った。この事業所でもいっぱい問題が出てくる。しかし、まだ結果は出ていない。うまくいくかどうかはこれからだ。

「ともに生きる」のは難しい。けれど、それができることはわかっている。じゃあ、どうすればいいのか？　世の中には「強いひと」と「弱いひと」がいる。いろんな意味で、だ。そして、たいていは「強いひと」の意見が通り、「弱いひと」の意見は聞かれない。でもそれじゃあ、何も変わらない。変わるためには「弱いひと」の意見を聞かなくちゃいけない。それができたら、明日につながる希望だと思う。

僕は「強いひと」なのか「弱いひと」なのか、正直よくわからない。障害者が弱い立場にあるという意味では弱いかもしれない。しかし、もっと「弱いひと」に対しては「強いひと」だったと思う。「弱いひと」を押しつぶしてきたこともあるだろうと思う。悔やまれる。いずれにしても、どうやって「弱いひと」の意見を聞くのか、悩み続けるしかない！

# 出版を祝って

全国公的介護保障要求者組合　委員長

三井　絹子

鈴木さん、ご出版おめでとうございます。ここまでこぎ着けられ本当にお疲れ様でした。

一冊の本をまとめるには、私も経験がありますが、来る日も来る日も原稿とにらめっこ。嫌になりました。鈴木さんはいかがでしたか。私に一言書いて欲しいと言われた時「えー、えー。無理です」と言いましたが、鈴木さんの粘り強さに負け、書く事になりました。鈴木さんの文章のタッチはなかなか面白く人に話しかけているような書き方で、すらすら読んでしまいました。

鈴木さんの昔を知ると、結構やんちゃに生き自由にやってこられた事が文章の中で伺われます。そしてどこかで挫《くじ》けそうになったときは、「いやいや、僕はへこたれないんだ…」という筋を通す心が出てきて鈴木さんの行く道を示してくれる…。いろいろ生きてきた中で、しょうがいも軽かった為に悩み、遊びほうけていたにもかかわらず、どこかでこれではいけないんだと振り返りが出来た鈴木さん。そして、しょうがいが重くなっていくにつれ、自分に対するしょうがいの問題が見えてきた。逃れられなくなってきて自分のやるべき問題を知り闘い始めた。ふたつの裁判闘争をやってのけた。凄い粘り強いなと思う。

裁判闘争は根気がないとやっていけない…それに大勢の支援者が関わり、話し合いも数知れずやらなきゃいけなくなる…人との関わりにも問題が起きてきたりして…何を闘っているのかわからなくなる。いろいろな問題を乗り越えて勝利を勝ち取ってきたんだから凄いと思う。ひとまわりもふたまわりも人間が大きくなり考え方にも余裕が出てきます。

今の鈴木さんはいろいろ問題が起きても冷静に取り組み、みんなに教えてくれる。本当に勉強熱心で、やはり行政と闘うには、相当なやりあえる物知りと根性が必要。重度になればなるほど必要になってくる。鈴木さんにはそれが備わっている。だから組合の書記長を依頼した。組合には全国からいろいろな問題が寄せられる。鈴木さんのような心を持つ人が必要だ。

人の苦しみを自分のこととして考えられる人。もしこれが自分だったら……という気持ちでいろいろな面から取り組んでいき解決していく。ただ問題だけに取り組むのじゃなく、当事者の背景も含み本人のやる気も考えていかなければならないから、なかなかそういう対応ができる人はいない。組合にはぴったりしている。

この本の表紙に写っている鈴木さんの写真は、斜めで薄笑いをしているようにも見えるし、照れているようにも見えるし、こんな言い方失礼ですが、とてもおちゃめな人だと思います。でも、行政には強い姿勢でいつも臨んでいる。この本が広く多くの人に読まれることを願い、これからも重度しょうがいしゃのためにみんなをひっぱっていってください。元気で、がんばっていきましょう。

組合の星、鈴木さんへ。

# ともに生きる——僕の自立生活と人生ありのまま　目次

目次

第二部

# ともに生きる

僕の自立生活と人生

ありのまま

# はじめに

僕はこの本のなかで「障害者」という字を使う。「障碍者」や「障がい者」、「しょうがいしゃ」という書き方があるのは知っている。それらの書き方をするひとたちのなかには「障害者」と書くのは差別だというひともいる。確かにそれはわかる。僕も「害」なんて字を使われるのはいやだ。でもだからといって、「障碍者」や「障がい者」という言い方がいいとも思ってはいない。なぜかっていうと、何かごまかされている感じがするからだ。「障害者」と書くのは差別だけれど、実際に差別されてきた、その歴史をちゃんと受けとめなくちゃいけないから、僕は「障害者」という字を使いたいと思う。

国連で採択された障害者権利条約の日本語訳に関わった川島聡さんは、二〇一三年一一月二八日に国会でこう話している。

……障害者という漢字で害の字をどうするかというところですけれども、これは、社会モデルという本日何度も言葉が挙がっていますけれども、社会モデルの考えに即して言えば、まず平仮名の障がい者というのは、個人の障害があるという場合に使うことができると思うんですね。障害を持っているということは必ずしも悪いことではないと。それを害という、有害の害という漢字を使うのはふさわしくないと。そうなると、障がい者というのは、そういう意味で使う場合は平仮名でいいと。しかし、障害物競走のように周りに障害物があって、それによって非常に不利益を被っているという意味で障害物に囲まれている人たちという意味では、障害物競走と同じように、社会の側に害があるわけですから、そのまま漢字で、障害に囲まれてしまっている人々という意味で漢字で障害者とやっても、これはこれで意味は通るわけですね。

そういう意味では、平仮名にするか漢字にするかというのは、個人か社会、その区別によって使い分けるというのは一つ、これは社会モデルの観点から説明できると思います。

（第一八五回国会 参議院 外交防衛委員会 第九号 平成二五年一一月二八日会議録より）

川島さんはこう言っている。「障害者」と呼ぶのは、「障害」をもっているからではなく、社会に害されているから「障害者」なんだ、と。この考えには一理あると思う。近頃よく聞く「社会モデル」という考え方だ（＊1）。

でも、僕が「障害」という言葉を使う理由はちょっと違う。差別されてきたことをありのままに受け止めて、それを変えていかなくちゃならない（これは僕の使命だと思う）から、「障害者」という

＊1 「社会モデル」に対しては、難点もいろいろ指摘されている。僕の考えはどちらかと言うと、その後に言われるようになった「人権モデル」に近い。とはいえ、「社会モデル」の大枠は間違ってはいないと思う。

言葉を使い続ける。当然、社会も変わらなくちゃいけないのだけど、その社会をつくっているのも自分自身を含めた「ひとたち」なんだから、社会も、自分自身も、壁を打ち壊していくことによって変わっていかなくちゃいけないと思う。その意味を込めて「障害者」と書いていこうと思う。

僕たちは、魅力的な社会をつくることをめざさなきゃいけないんだ。

# 第一部

# こんな足だけど、いろんなところに行ってみたいのさ

コーヒーを飲みながら
いやなことばかり　考えていたら
あのひとが　おれの耳に
そっとささやいてくれたのさ
もっと自分に　自信をもて
だけどやっぱり　あわれな俺さ

俺だってほんとうは
冗談ぐらい言ってみたいのさ
仕事だって　おもいっきり
はたらいてみたい気はあるさ
もっと明るく　生きてみたい
だけどやっぱり　だめな俺さ

僕は重度の脳性マヒだ。現在、アパートで一人暮らしをしている。この詩は二〇代のときに自立を切望しながらうまくいかず、いろいろ迷い悩んでいたころの、いわば僕自身の自画像だ。

障害者にとっての「自立」には大きく二つある。一つは家庭内での自立。二つ目は家族との生活を離れて独立すること。

家庭内での自立については、二〇歳を過ぎて成人に達している場合は、自分が何をしたいか、何をなすべきかの行動選択を主体的に選びとる自由がほしいのだけど、この一見なにげないことが、障害者にとってはかなり難しい面があると思う。

大人になれば、多少はお酒を飲む機会もあるし、外で友だちと会って帰宅の時間がふだんより少し遅くなることだってある。家族、まして親なら、気がかりで心配するだろう。それはわかるけれども、「おまえは世間なみの身体じゃないんだから―」と必要以上に干渉されると、つい口ごたえの一つも出てしまう。いちいち干渉（心配？）されるのがいやで、自分の意思を抑えて従順なイイコになれば、家族は安心だけれど、自立への道を自ら放棄してしまうことにもなりかねない。自分が何を望み、どこまで自分の力で行動できるかは、やはり家族と折り合いをつけながら、つねに主張し続けていくしかないように思う。

さらに言えば、家庭内での自立には、このことにとどまらない、もっと重要な意味も含まれている。なぜかと言うと、問題は考え方の自立だからだ。

僕は小学生のころ、親に「知的障害者や精神障害者は相手にするな」と言われた。それは差別だと思う。しかし、僕は親の影響を受けて、ずっと差別をしていた。でも、いろんな経験をして自分で考えるようになって、それはいけないということをわかっていった。このように、家庭内での自立は、精神的な自立であり、社会的な自立を下支えする踏み台のようなものだ。

二つ目の自立、つまり、「独立」に関しても、僕の場合には「あなた一人では危ないよ」と言われ続けてきた。家族だけではなしに、学校で、施設で、あらゆるところで。言葉も身体も不自由だから、小さいときからいろんなひとの手を借りなければならなかったことは確かだし、感謝もしているが、でも、障害者も生きる権利は同じだ。

この本の表紙の鳥たちのように、僕は自由に羽ばたきたい!

## 僕の原点――「酔っ払い事件」

僕の足は、千鳥足のようにふらついてしまう。でも、こんな足でも、いろんなところへ行ってみたいし、つまずきころんでも一人で歩きたいという気持ちは、ごく自然な欲求なのだと僕自身は思っている。一八歳のころ、駅で酔っ払いと間違われ、交番に連れていかれたことがあった。とても悔しかった。たとえ善意にしても、とやかく言われることに屈して自立をあきらめれば、人間らしく生きようという意欲さえ失ってしまうことになるからだ。

間違えられたときは、とてもとても悔しくて、その思いを新聞に投稿し、掲載された。以下に紹介しよう。

## 酔漢と間違われた僕
## 身体障害者に理解のない公安職員

東京都　鈴木　敬治（学生　一八歳）

僕は東京都立光明《こうめい》養護学校高等部の生徒です。そして病名「脳性小児マヒ」の身体障害者でもあります。昨年一一月一三日の夕方、国電渋谷駅で受けた私の体験がいまだに忘れられないのです。国電に乗るため中央改札口付近にいましたが、カゼをひいていたためか急に気持が悪くなり、改札口のすみの方で休んでいました。

その時です。駅員が鉄道公安職員二人を連れて来て、両腕をきつく抱え、片方の手をねじあげて交番に連れていこうとしたのです。どうやら僕を酔っぱらいと間違えたらしいのです。「ちょっと待って下さい」と言ったのですが、僕には言語障害があり、歩くときに体がゆれるので、二人の公安職員も酔っぱらいと頭からきめつけてかかっているようなのです。

忠犬ハチ公の所にある派出所でおまわりさんにいろいろ聞かれ、身分証明書を出して、やっと家と学校に連絡することができました。翌日、学校の職員と友だちといっしょに渋谷駅の鉄道公安室に行き、事実をはっきり言ってもらおうと思いましたが、きのうの公安員はいなくて別の公安員が対応してくれました。しかし、「君は本当に酒を飲んでいなかったのかね」などと聞き、まだ不審そうな顔つきで、誠意ある態度ではありませんでした。

外見だけで判断し、軽率な行動をとったことに僕はがまんできません。そして身障者としての自分の意思を相手に満足に伝えることのできない自分が悲しく、くやしいのです。僕たちも社会の中で生きているのです。

（「朝日新聞」一九七一年（昭和四六年）一月一〇日「声」の欄に掲載）

新聞にこの記事が載ったことで、僕の周りは少し変わり、いろんな可能性が出てきた。たまたま学校の後輩の友だちが、この記事を読んでくれて、僕に声をかけてきた。後で、このひとは僕の家の近くに住んでいることがわかった。それもあって仲良くなっていった。彼はまた、学校外のいろんなひとを紹介してくれた。そのことで僕の世界はぐんと大きく広がった。そのときのつながりは七〇代になった今でも続いている、大事な関係だ。

言ってみれば、僕は酔っ払いと間違えられた悔しさを抑え込み、あきらめて生活するのではなく、その悔しさをバネにして、それまでよりも、より人間らしく生きようという意欲を手に入れたんだ。こうしてみると、家庭内での自立は精神的な自立だけれど、精神的な自立を進めていくためにも、社会的な自立が必要だと思う。ややこしいけれども、二つは車の両輪のようなもので、両方が必要なのだろうと思う。

## 自立生活に行きつくまで

一九八二年からアパートの生活を始め、今、四〇年目に入った。僕は三〇歳のころから自立生活を始めた。はじめのころは何もできなくて周りのひとにやってもらっていた。とくに、お風呂屋さんでは一人で湯ぶねに入ることができなくて、「お願いします」と声をかけて手伝ってもらっていた。しばらくしたら、自分でできるようになった。当時、周りのひとは、危なくないか、それとなく見守ってくれていたようだった。たまには背中を流してくれるひともいた。そんなときは、いろいろな話ができて楽しく過ごすことができた（今は介助者がそれをやってくれている）。

「ともに生きる」ということは、こういうことを言うのではないかと思う。よくテレビや新聞などで、「ともに生きる」とカッコよく言うけれども、誰かエライひとからの押しつけや義務感からではなく、自然に生まれる気持ちこそ大切なのだと思う。

ここで、僕が一人暮らしをするまでのことを少し話したい。

僕の親は米屋だった。大田区の米屋だ。二歳下と五歳下の妹がいる。現在は、二人ともそれぞれの人生を歩んでいる。僕は一九五二年の二月に生まれた。生まれたその日は雪だったそうだ。生まれつき重度の脳性マヒの障害をかかえていた。言語障害があり、身体も思うように動かなかった。小さいころのことはあまり覚えていない。両親から、いろんな病院に行って注射ばかりされたという話を聞いた。小学校四年生くらいから記憶がわりとはっきりしてくる。それより以前は、とぎれとぎれで、いくつかの出来事を覚えているくらいだ。

小学一年のころの僕

小学校は世田谷区松原にある東京都立光明養護学校（今は「東京都立光明学園」）だった。この学校は肢体不自由児のための学校だ。大田区の自宅からは、品川に出てスクールバスで通った。少ししか歩けなかったので、家で働いていたお手伝いさんや大学生のアルバイトのひとに送り迎えをしてもらっていた。そういうひとがいないときは、学校を休んで家で寝ていた（時々学校の先生が来てくれた）。五年生になってからは、一人でなんとかスクールバスに乗って行けるようになっていた。とはいえ、転んでしまい、二か月くらい入院したこともある。ともあれ、なんとか高校生までは自分で学校に通うことができた（光明養護学校は小・中・高一貫校だ）。

小学校二年生のときのことで覚えているのは、家の中で大声を出したり、物を投げたりしてよく暴れていたということだ。暴れるのには暴れる理由がある。僕は言葉も思うように発音できず、歩くことも一人ではなかなかできなかった。その僕を両親も妹たちもあまり快く思っていないようだった。隣近所にばかり気を使って、「おまえは人前に出るな、留守番しておれ」というわけだ。世間体ばかりを気にして僕を抑えつける両親にむかつき、口角泡を飛ばしてつたない言葉で訴えても、親はわかろうとはしない。反対に「この子は可愛げのない子だ」と、まったく予期しない言葉が返ってくる。そんな理由で暴れていたんだ。思えば、これが僕にとっての家庭内での自立の始まりだった。

## 光明養護学校

光明養護学校に入ったのは、一九六〇年のことだった。養護学校といえば、当時、東京都には、このほかに北区王子のほうに病院と学校がくっついた形の施設が一つあるくらいで（**＊2**）、遠くて不便なため、僕は光明を選んだ。でも、これは光明を選んだ表向きの理由で、実は別の理由もあった。

小学校に入る前の四歳のころ、米屋のうちに出入りしているひとがいた。そのひとは、二〇代の男性で変な歩き方をしていて、うちに鉛筆を売りに来ていた。今思えば、僕と同じ脳性マヒのひとだった。彼は、僕の両親が忙しく働いているのを見て、僕の遊び相手になってくれていた。相手にしてく

**＊2**　現在の東京都立北特別支援学校のこと。一九六三年開校。

れるので、僕もだんだん彼を好きになっていった。うちでいろんな遊びをしたと思う。ときには僕を乳母車に乗せて、友だちの家に連れていってくれたりしたことを、おぼろげながら覚えている。後で知ったことだが、そのひとは「青い芝の会」(＊3)のひとだった。僕が二三歳のとき、彼は亡くなった。両親からそのことを聞き、しばらくして、すごく気になってきて調べてみたら、そのことがわかったんだ。

「青い芝の会」の彼は、僕が小学校に上がるとき、両親に光明養護学校を勧めてくれたそうだ。どういう理由で勧めてくれたのかはわからない。いずれにしても、光明に入るように勧めてくれた(「青い芝の会」の初期のメンバーはみな光明だったから、関係があるのかもしれない)。両親は僕の面倒を見てくれている彼が言うのなら、ということで、光明にしたようだ。もしかしたら、このことが、僕の障害者運動に影響しているのかもしれない。

それはさておき、光明養護学校に話を戻そう。

小学生のときは、学校に通うのに精いっぱいで、学校のなかの生活については、あまり思い出はない。中学・高校になると、少し慣れてきてケンカばかりしていた。僕は、いばるひとが嫌いだったので、ケンカばかりだ。うわべだけかっこいいひとや、むかつくひととケンカし、先輩とか嫌いだったので、やはりケンカばかりしていた。養護学校へは、遠くから苦労して来ているひとばかりなので、どうしてもそういう上下関係にこだわってしまい、誰がえらいだのといった、いばる話が出てくるんだ。それが嫌いだった。中学・高校でのケンカの経験は、僕のわがままな性格、カッコ良くいえば精神的な自立をつくり上げるのにとても役立ったような気がする。

高校一年のとき、通学に時間がかかるので寮に入ってみた。でもいろんなきまりが窮屈で、一か月ももたず、自宅通学に戻った。高校生活は、それなりに楽しんだと思う。写真クラブに入って部長をしてみたり、文化祭の責任者をしてみたりしていた（先の新聞への投書は、そのときのことだ。前日、文化祭の準備で遅くなったんだ）。

## 卒業してから

光明養護学校の卒業間際、就職先がなかったので行き場に困り、施設で生活することも考えた。町田市にある施設に入ろうと、今でいう体験入居を、卒業を控えた一九七二年二月にやってみた。でも

＊3　「青い芝の会」は、今から六五年前につくられて現在も活動している脳性マヒ者の当事者団体である。最初は大田区に住む高山久子、金沢英児、山北厚の三人の脳性マヒ者によって結成された。この会は、重度障害児殺し告発運動、優生保護法改定反対運動、川崎バスジャック闘争など激しい差別告発運動により、広く世に知られるようになった。

それぞれきっかけとなった事件を簡単に説明しよう。「重度障害児殺し」というのは、一九七〇年に横浜で起きた事件だ。母親が障害児を絞殺。地元を中心に減刑嘆願運動が起きるのだが、この減刑運動に対して「青い芝の会」は、「親にも殺されたくない！」と反対運動を展開した。一九七三年には厚生省から提出された「優生保護法改正案」に反対する（この案は優生保護法の優生思想を強化するものだった）。一九七六〜七七年には、川崎市で、市交通局と東急バスが車いすのままのバス乗車を拒否したため、当事者と支援者がバスに乗り込み（バスジャック）、抗議活動を行った。

二日で逃げだした。なぜかというと、規則正しい生活がつらかったんだ。夜は早くから真っ暗になるし、朝も早い。そんな時間に拘束される生活なんてまっぴらだと思い、家で好きなことを好きな時間にやって、気のおもむくままに一年間遊んでいた。

一年後、遊び疲れて、どうしようかと考え、新宿区の戸山町にある国立身体障害者センター（今は埼玉に移って「国立障害者リハビリテーションセンター」となっている）に三年間、訓練生として入った。このとき、二一歳だった。もちろん、ここでも規則正しい生活が要求される。じゃあ、それに耐えられるようになったんだねと思うかもしれないが、そうではない。遊んでいた一年間のうちに、ある意味賢くなったんだ。表向きは規則正しい生活を送っているかのように見せて、裏で酒やタバコを隠れてやるようになった。使い分けができるようになったんだ。表向きの生活では、職業訓練をやっていた（ボール板に穴をあけたりしていた）。アーチェリーやゲートボールなどのスポーツも一日二時間程度やっていた。

そのころ、センターに隠れて街に出ると「またびっこが来た」とよく指をさされた。悔しいし、情けなかった。けれど年を重ねるにつれて、もっといやな思いをすることが多くなっていった。

ちょっとそれるけど、ここだけの話をしよう。センターの先生に、お金を貸してほしいと頼み込まれたこともあった。むろん断ったけれど…。センターにはいろんな先生がいた。当然ながらお医者さん、リハビリの先生、あとスポーツの先生、職業訓練の先生、それぞれ良いひとも悪いひともいた。僕にお金を貸してほしいといった先生は、スポーツの先生で全然いばっておらず、身近なひとだった。

コーヒーをおごってくれたり、イベントを紹介してくれたり。でも、生徒に借金を頼むような先生は良いひととは言えないと思う。後で聞いたら、いろんなひとに借金を頼んでいたそうだ。

もとに戻ろう。もちろん良いこともあった。この時期に、友だちと七人で（手動の車いす四人と僕も含めた歩き三人だ）コンサートに行ったことは、楽しい思い出だ。中野サンプラザに吉田拓郎（当時は「よしだたくろう」）のコンサートを聴きに行った。僕はフォークソングが大好きだ。

中学校のころに、ザ・フォーク・クルセダーズの「帰って来たヨッパライ」やはしだのりひこの「風」を聴いてとても感激した。高校生のころ、ラジオのオールナイトニッポンを聴いていたら、泉谷しげるの「春夏秋冬」が流れてきた。たった一人できりでステージに現れ、あのリズム（ロックのときのリズムじゃないですよ）でギターをかき鳴らすのを聴いて、ショックを受けた。それまで聴いていた歌謡曲やクラシックとはまったく別のものを感じたんだ。自分の気持ちをあたり前に表現していて、すごいと思った。それで、泉谷しげるから始まって、吉田拓郎のファンになっていた。ここから、みんな普通はロックに流れていくけど、僕はロックはいやだった。だから吉田拓郎がロック風になったときは、北山修とか高石ともやとか、杉田二郎やナターシャセブンや六文銭を聴いていた。そこからずっとこれまで、筋金入りのフォークのファンであり続けている。

## 二〇代の青春

作業所のピアノで遊んでいる僕

国立身体障害者センターでの生活は二四歳のときに終わる。僕の素行が悪かったせいだ。抜け出して、いろんなところでケンカしたりして騒動を起こしたのがばれて、センター側から「辞めて出ていってくれ」と言われたんだ。やっぱり僕は施設には居づらいんだ。

とりあえずうちに帰った。戻って半年ぶらぶらしていたら、親から「働け！」と言われたので、大田区の通所施設の「大田福祉作業所」に面接に行き、そこに一三年間通った。

いやなことが多かった二〇代のこの時期だったが、とても楽しかった、忘れられない出来事がある。それは一九七九年、二七歳のときに「日本身体障害者スキー協会」主催で行われたカナダでの「第五回国際身体障害者スキー大会」に参加できたことだ。五歳下の妹が介助者として同行してくれた。

当時は詩をつくったりもしていた。ちょっと引いてみよう。「バンクーバーの美しい町を彼女とデートしたい……」。恋人はいなかったけど、いたらどんなにステキだろうと、かってにロマンチックな想いにひたったりしていた。

僕の　いちばん好きな季節は
真白い　冬の世界だ
ゴウゴウと降り注ぐ　白い雪が好きだ
とても楽しくて　胸が躍り出す
転んだら　雪が助けてくれる
いつまでも　そこに寝ころんでいたい
……そして　一人で起き上がるんだ
早く冬になってくれ
冬は僕を楽しくする　人を強くする
白い世界が　まちどおしい

ロマンチックな詩を出してしまったので、気恥ずかし

スキー大会ではテレビ局にインタビューされた

いけど、好きだったひとの話もしよう。

初恋は小学校三年生のときだった。僕と同じ脳性マヒの子で同級生だった。「カコちゃん」（仮名）といって僕の実家の近くに住んでいた。スクールバスもいっしょだった。バスのなかでよく話をした。彼女は僕よりもずっと頭がよくて、面白くて可愛かった。話しているうちに好きになってしまった。でも恥ずかしくて気持ちは伝えられなかった。

そのうち、彼女は引っ越して光明養護学校の近くに住むようになったので、バスでは会えなくなった。学校で会ったとき、普通に会話する感じだった。卒業とともに、それぞれの道に進んでいった。その後、彼女も障害者運動に入っていったようで、僕は一九八二年ころ（三〇歳ころ）、彼女の自立生活の講演会を聴きに行った。僕のことを覚えていないかと思っていたら、覚えていたようだ。五分くらいあいさつして帰ってきた。元気で綺麗だった。僕が自立生活をめざした、隠れた理由の一つだ。それ以来、会う機会もなく、彼女は残念ながら二〇〇三年に亡くなってしまった。

次の恋は、三二歳のときだった。当時、僕は大田区の作業所で働いていた。そこでいっしょだった僕より年下の女の子に恋をした。やはり脳性マヒだったけれど、彼女は歩けた。ゆったりとした雰囲気の、可愛らしいというよりも綺麗という感じのひとだった。作業所の帰り、お茶に誘い、交際を深めた。以前よりは世間慣れしてきていたので、気持ちを伝え、つきあい始めた。

一年つきあったところで、あちらの親御さんから反対されて別れざるをえなかった。僕は彼女の意思を尊重して別れを受け入れた。しかし正直、今では、彼女にもっと強い想いを伝えていればよかったかもと時々思う。彼女は一人で東北の施設に行ってしまった。

それからも、当然のことだけど、たくさんの恋をした。でもこれ以降は、知っているひとも巻き込む話なので、ここらへんで止めておこうと思う。「スキー大会」以後のことに話を戻そう。

## 僕は自立生活を決めた

そのころ、僕は障害があるから歩くことが大変だったけど、身体を動かすことは好きだったので、いろいろスポーツをやってみた。例えば、ボウリング。ボウリングには三年くらい、月一回のペースで打ち込んだ。ガーターが多かったけど、ストライクを出してピンが倒れたときはとてもうれしかっ

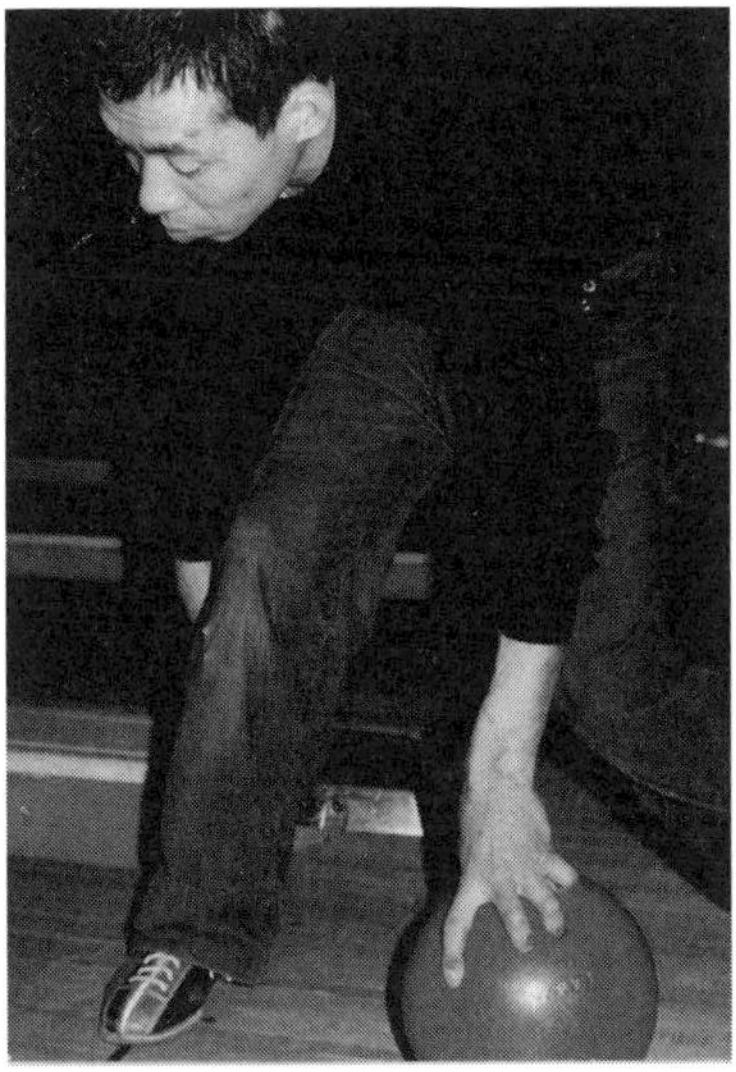
ボウリングをする僕

スキーをする三〇代の僕

た。高尾山などの近場の山登りもしていた。時間がかかるけれど、当時は歩けたので、友だちとゆっくり登った。

さて、カナダの「スキー大会」から三年後、僕が三〇歳のとき、カナダに同行してくれた下の妹が結婚した。僕は結婚式には出席できなかった。障害者の僕を、親が世間体が悪いと気にしたからだ（その前の、上の妹の結婚式には、僕が怒ったので、式に出してもらったのだけど）。

さらにその少し後、当時、四日市市に住んでいた上の妹のところへ遊びに行ったときのことだが、彼女の子どもたち（僕の甥と姪たち）が、僕に悪態をついてはやし立てるのを見た妹から「もう来てほしくない」と言われた。家に帰ってから、親にもそのことを念押しされる始末だった。親がこれまで苦労して育ててくれたことは認めるけれど、世間体を気にしすぎるように感じたし、妹たちもそれに従っているように思えて、いやだった。

このことをきっかけに、僕は家を出て自立生活をしたいという思いを固めた。もちろん、それだけが原因ではないが（前に書いたように、恋した彼女が自立生活をしているのに憧れたこともある）。いろいろなことの積み重ねなんだけど、要は、両親をはじめ二人の妹たちが、僕を頭から「おまえは馬鹿だから何もできない。寝てればいい。外にも出るな」と決めつけていたからだ。

家族を少し悪く書いてしまった。けれど、大人になった僕の目から改めて見直してみると、両親も妹たちも、決して僕のことを嫌っていたわけではない。むしろ彼らなりに大切に扱ってくれていたと思う。障害者の家族としていろんな葛藤をかかえて悩み、そのうえでのことなのだと思う。でも、当時の僕にはどうしても反発しなければならない壁となっていたし、僕が自立するためには敵としなくてはいけない相手だったんだ。僕が大人になって、そのことに気づいてからは、両親や妹たちは大切な家族と思えるようになったし、実際いいつきあいができている。お互いに何かあれば行き来している。

さて、自立生活を決心する直接のきっかけとなった出来事を書こう。ある日、家族みんなで僕を施設に入れる相談をしているのを聞いてしまったんだ。僕は施設に入るのを希望していなかったので、大いに反抗して、父に殴られた。どうして両親は僕の気持ちがわからないのだろう。僕だって家業の手伝いをしようと思っているのに。米屋だから暮れは忙しいので、餅つきを手伝おうと考えているのに、「おまえは邪魔だ」と言う。

「だったら、家なんか出ていくよ!」と決心し、家族に「家を出たいんだけど」と言ったら止められた。「自立したいんだったら、アパートに入るんじゃなくて、施設に行けばいいじゃないか!」と言われたが、僕は断固として「施設になんか行きたくない! 自分で自立生活をしたいんだ」と主張した。

すったもんだの末、親のあきらめを勝ち取り、やっとのことで家を出ることになった。

このようにして、僕は三〇歳のときに、家族に逆らって、家庭内での自立と社会的自立を果たした。

自分が何をしたいか、何をなすべきかを考え、行動に移すときが来たのだ。家庭内での自立を踏み台にして、社会的な自立へと一歩踏み出したのだ。

アパートで暮らすようになってしばらくしたころ、障害者運動のある集まりが終わり、「飲みに行こう」と誘われて行ったときのことだ。ある若い脳性マヒのひとがこう言った。「おまえ一人で暮らしているんだってな」。良い言葉だなと感じた。実家や施設にいたら弱い人間になっていたかもしれない。今も、その言葉を思い出すと、とても良い言葉だと思う。

## 僕のアパート一人暮らし

僕は七〇歳の今日に至るまで、さまざまな問題に直面してきたが、今はアパートでの一人暮らしで結構楽しく生活している。しかし、先に書いたように、一人暮らしを始めることを家族に大反対された。青年期の若い年ごろだから、街に出たい、外の空気も吸いたい。若い女性の姿も見たい、と思うのに、なぜわかってもらえないのだろう。ついに僕は決心して生活保護を受けながら自立しようと、アパートを探し始めた。

妹たちは僕の気持ちを理解してくれたように見えた。特に、下の妹はいっしょにアパートを探してくれ、一か月かかって最初のアパートが見つかった。大森（大田区）の六畳の部屋と四畳半のキッチン、トイレがついたアパートだった（お風呂はついていない。銭湯に行っていた。大家さんからは、

散らかってるけど、僕の部屋だ！

「障害をもったひとだから危なくないように」と、生活に立ち入るようなことを注意された。「タバコは吸わないように！」とか）。ここには四八歳まで住んだ。自分でいろんなことが決められるというのがとてもうれしくて、すごく住み心地良く感じていた。

そこから大田福祉作業所に、三七歳まで通っていた。そのころは歩いて一人で通い、できないこと（掃除・洗濯・食事のしたくなど、合わせて週六時間くらい）だけ、ヘルパーさんにやってもらっていた。とはいえ、食事に関しては、自分の好きなときに食べたいので、自分で弁当を買ってくることが多かった。

余談だけど、当時通っていた作業所は、最初は東京都の管轄だった。通っているあいだに大田区の管轄に替わった。奇妙なことだけど、大田区になったとたんに雰囲気が悪くなった。普通は小さいところのほうが手が回り良くなるはずなんだけど…。大田区の管轄になったとたん、職員さんたちを「先生」と呼べという話になったんだ。今思うととても奇妙だ。

その作業所には、最初は実家から通った。一人暮らしをするようになった後は、七年間、アパートから通う毎日だった。

アパート暮らしを始める前の時期、実家から作業所へ通う同じ生活が続くなかで、一人暮らしをしたいという気持ちはだんだんと強くなっていった。そこで、いろんなことを作業所の仲間や職員さんに相談した。そのとき、職員さんと二つの約束をした。一つ目は、アパート暮らしになっても実家にもたまには帰るということ、二つ目は病気をしたら実家に帰るということだった。

作業所を辞めたころの僕

しかし、僕はその約束を守らなかった。そして、アパート生活を始めて七年後に、作業所を辞めた。「あなたはどうせ就職できない」とか「あなたは何もできない」とか…、そういうことを個人的に言うようなやり方はナンセンスだと思ったし、「先生と呼べ」というのは、人間のあり方と違うと思った。どんな障害があってもみんな人間としての権利があるはずだ。
そんなことがあって、僕はもう少し別の道を行こうと考えていた。ちょうどそのころ、仲良くしていた職員さんが、「江戸川区にいる障害者から『旅行に行くから車を運転してくれ』と頼まれた。おまえも行かないか」と誘ってくれた。僕はその誘いにのって、山梨県の清里への旅行に出かけた。そこで、僕にとって自立生活の道を考えさせられる先輩と出会ったんだ。

彼は僕と同じ脳性マヒだった。結婚して自分自身の道を進んでいたひとだった。彼と話して気が合った。そのひとはいろんなことを知っていて、さまざまな社会問題に僕を結び付けてくれた。彼の家は千葉にあったけど、僕を江戸川区にある障害者のたまり場に紹介してくれた。僕はこのたまり場が大好きになった。作業所に行くよりもずっと刺激的で楽しかった。

こうして僕は作業所を辞めた。何回か、そのたまり場に泊まって飲み明かした。いろんなことをしゃべることができ、ありふれたことをとてもよく話した。社会のゆがみ、未来のこと、人間関係の悩み、恋愛、野球の話…。そこで、品川にも同じようなたまり場「なまずの家」があるので行ってみたらどうだと紹介された。三六歳のときだった。

## 「なまずの家」

「なまずの家」は、西大井（品川区）にある民家だ。僕は一九八八年に初めてそこを訪れた。この「なまずの家」は今でいうグループホームを先取りしたもので、こういう経緯からできたものだ（以前からそこに来ていたひとに聞いた話だ）。

一九七五年に、通所、入所施設で働くひとたち、地域の障害当事者たちが有志で集まり、つながりをより深めたいとレクリエーション活動を始めたけれども、やっていくうちに参加者の何人かが家庭の事情で遠くの施設へ入所せざるを得なくなった。残ったひとたちは、「ともに生活できる場所をつくりたい」という強い思いをもったそうだ。そして、お金を出しあって、地域の障害者・健常者のための場所をつくろうと、一九八三年に民家を共同で購入したとのことだ。「なまずの家」は、こうしてオープンした。

僕が行ったときには、三人の障害当事者と介助者一人がそこに住んでいた。ただ、そのひとたちだけじゃなく、つながりのあるいろんなひとたちが出入りしていた。僕もそこにしばらく入り浸った。

ここで話したいエピソードがある。僕は「なまずの家」に初めて行った晩、泊めてもらった。そこに住んでいた三人は、知的障害をかかえたひとたちだった。一人は中年の男性、あとの二人は比較的若い女性だった。僕はやはり女性のひとたちと話をしたくて、女性たちとばかり話していた。一時間くらいいたったが、その間、会話からとり残された男性はずっと黙っていた。僕は心のなかでちょっと「悪いなあ」と思っていたが、あまり気にしないで楽しく話をしていた。次の日の朝、起きがけに、その男性に一発ぶん殴られた。びっくりした介助のひとが止めに入って終わったが。当時、「なんで殴られなきゃいけないのか」わからなかった。殴られたあと六年間、僕は怒っていたので、その男性を相手にしなかった。ヤな奴と思っていた。

でも、今はわかる。あるとき、僕に変化が起きたんだ。僕の友だちの結婚式の前日のことだ。式場が千葉で遠かったので、「なまずの家」で介助をしているひとの実家に泊めてもらうことになった（後で紹介するが、倉林さんのことだ）。品川でそのひとの車に乗せてもらい、行くことになったのだけど、その車のなかに、（僕をぶん殴った）彼がいた。

僕は最初気にせずに、いつも通りにしていた。道中何ごともなく、介助者さんの実家に着いた。けれど、結婚式に出るときの服装の話になって、その介助者さんが少し口うるさく言うので、ちょっといやな気分になったんだ。友だちの結婚式だったので、僕は気負わず「Tシャツ」で出ようと思っていた。そしたら、「おまえ、そんなカッコで出るつもりなのか！　シャツとネクタイを用意しろ！」と怒り始めた。しょうがないので、夜になって買いに行った。式の当日、おめでたい席だけど、僕は前日のことを引きずって気分がくさくさしていて、酒を飲んで酔っ払っていた。そしたら、なんと殴った彼が、僕に対してとても親切にしてくれたんだ。彼は手をつないでくれさえした。六年後に亡くなってしまったが、いつもとてもやさしかった。最初はヤな奴だと思っていたのだが、実はとてもいい奴だった。

それが過去をふり返るきっかけになった。よく考えてみると、僕はひとの気持ちを無視していた。また、知的障害をかかえるひとの気持ちも考えることはなかった。このころ、すでに僕は障害者問題に関心をもっていたので、差別はよくないと思っていたが、口先だけでしか言っていなかった。自分だけが障害者なのではなく、いろんな障害者がいるんだ。それがわかっていなかった。

現在も「共生社会」という言葉は、いろんなところで口にされる。でも本気でそれを考えることは難しい。それを彼は教えてくれた。自分の原点の一つになるような出来事だ。

## 倉林さんと「共生共走マラソン」

ところで、ちょっと入り組んでいるが、その出来事が起こったのが誰の結婚式かというと、やはり「なまずの家」に出入りしていた障害者の結婚式だった。彼もひとづてに聞いて「なまずの家」にやってきていたひとだった。彼は酒癖が悪くて困ったひとだった。奥さんも同じく酒癖が悪かった。彼は昼に会うときちんとしたひとなんだけど、夜に酒が入ると、とても困ったひとになる。酒に酔うと、いろんなひとの悪口を言い始めるんだ。最初は何とか聞いていたものの、耐えられなくなって、思わず殴ってしまった（一九九四年ごろ、四二歳のころの話だ）。殴ったことは悪かったと思うけれど、なぜ殴ったかを周りのみんなに説明しても、あまりわかってもらえなかった。それで、僕は一年間「なまずの家」に出入り禁止になった（＊4）。残念だったが、しょうがないかとあきらめた。

さて「なまずの家」には、スタッフの一人として倉林邦利さんというひとがいた。彼は健常者だったけれども、わりと僕と話が合っていろんなことを話した。障害者、運動、バリアフリーなど、さまざまなことを話した。今、当時の彼と話したことをふりかえると、いろんな気持ちが湧いてくる。僕たちはこうなればいいなあという話をいっぱいした。それと同時に、そう簡単にはいかないだろうなとも話していた。けれども、今になってみると、いろんなことが実現している。例えば、電話。一九八八年当時、電話は一家に一台で、なかなかかけづらかった。でも今は携帯電話が普通になっている。

自分の電話でいつでもひとに連絡できる。障害者にとってはとても大切なことだ。また、別の例をあげれば、飲食店であれ、商店であれ、当時はバリアフリーのところはほとんどなかった。でも今は、完全ではないが、都会では、探せばバリアフリーの店はけっこうある。月日の流れを感じる。

この倉林さんとは、実はいっしょに自立生活の場をつくる予定を立てていた。「なまずの家」にいた介助者が大家になり、千葉に新しい「場所」、グループホームをつくる予定だった。しかし、殴ったことでおじゃんになった。僕は「なまずの家」に行けず、しばらく疎遠になってしまった。その後、神戸の震災（一九九五年）が起こった後、倉林さんから「少し話そうよ」と電話が来て、つきあいが再び始まることになる。彼は千葉に場所をつくることを進めていたようだ。けれど、いっしょに立ち

---

**＊4**　このことはとても残念だった。僕は「なまずの家」に入り浸っていて自分の部屋のように感じていたからだ。いろんなことが思い起こされる。話は完全にそれてしまうけど「なまずの家」では当事者も介助者もみんなで楽しく過ごしていた。何度も朝まで飲み明かしたりした。そのなかの一人に糸数《いとかず》昌信さんという男性の介助者がいた。彼とはわりと気が合って何度も飲んだ。僕が出入り禁止になってからは少し疎遠になったけど、彼は何を思ったか千葉のお寺に入門してお坊さんになった。その後、いろんなところで顔を合わせるようになり、再びつきあいだしたが、いつの間にか故郷の沖縄に帰っていた。

数年前、沖縄に行ったときに糸数さんに会った。「今、僕は自分の本を書いてるよ！」と言ったら、「絶対入れてほしいことがある」と言う。何かと思って真面目に聞き直したら、「あんたは『なまずの家』で飲んでいるとき、しょっちゅう『セックスしたい』と言っていた。当事者にとっては重要な問題だ。そのことは絶対入れなくちゃだめだ」と言う。「何を言ってるんだ、このおっさんは!!」と思ったけど、当時、僕は四〇代でそんなことを言っていたのかもしれない。品がなくなるのでこのあたりでやめるけど、そんなことも懐かしい思い出だ。

上げようと動いていたひとたちがうまくいかなくなって、あきらめたそうだ。それで僕に連絡が来た。で、話した結果、僕が殴った事情を理解してくれ、「悪かった」と言ってくれた。「なまずの家」の出入り禁止もそれを機に終わった。そして僕は、彼に「共生共走マラソン」の代表をやってほしい、また、神戸の震災の被災者支援のカンパ活動を手伝ってほしいと言われ、協力することにした。「共生共走マラソン」というのは、大阪でやっている試みを東京でもやろうというものだ。大阪では、一九八三年から花博《はなはく》記念公園で毎年「共生・共走リレーマラソン大会」が行われている。趣旨は障害の有無にかかわらず、ともに走ろうというものだ。公園のコース（一周一・二キロメートル）を、八時間（今は五時間）タスキをつなぎ、リレー方式で共走する。二人以上のチームを組んで、誰か一人がコース上にいればいい。走者は車いすで走るひと、車いすを押して走るひと、杖をついて歩くひと、視覚障害者で伴走者とともに走るひと、電動車いすで走るひと、仮装して走るひと、もちろん一人で走るひと、というように多種多様だ。

この大阪のマラソンに参加してきた仲間が、東京でもやろうと考えた。そこで「だれもがともに!!共生共走五時間リレーマラソン」という名前で、一九九六年に第一回共生共走マラソンを品川区でやった。僕は代表ではなく、副代表をやった。神戸の震災のカンパ活動のほうは、ＪＲの品川、大井町、西大井、大森、蒲田の各駅前に立って、一生懸命集めた。人前に立つのは初めてで恥ずかしかったけど、そんなこと言ってはいられないと思い、なんとかやった。そのお金を届けるため、介助者といっしょに神戸に行った。そのとき、いろんなひとと会えた。今でもつきあいのある一生の友だちとも会えた。よかったと思う。

ただ、残念なことに、いっしょに神戸に行った介助のひとは、事故で亡くなってしまった。今でも思い出すのだけど、その介助者とはケンカして別れた。夜の八時ごろ、「一時間散歩してきます」と言って翌日の朝八時まで戻らなかった。「ひどいだろ」と思ってケンカした（後で聞いたことだけど、彼はいつもそんな調子でやっていたらしいが、初めて会ったひとなのでわからなかった）。僕は手動の車いすを宅配便で送り、一人で帰った。彼には二万円を渡して「ここで別れよう」と言った。彼はその二万円で、「青春18きっぷ」（JR全線に五日間乗り放題）を買ったらしい。それでゆっくり帰ってくる途中、掛川（静岡県）で電車にはねられて亡くなった。なんか後味が悪い感じになった。

副代表としてはじめて参加した共生共走マラソン

## 創価学会について

僕は障害者問題については高校生のころから関心をもってきた。しかし、今みたいな形で活動にのめり込んではいなかった。有名な一九七〇年の横浜の障害児殺し事件のときも、一九七七年の「川崎バス闘争」のときも、「青い芝の会」の活動は知っていたし、彼らの言うことは正しいとも思っていた。障害をもっているからといって殺されるなんておかしいし、乗車拒否もおかしい。僕はそのとき、二〇代から三〇代だった。でもデモや集会には参加しなかった。思えば、若い時期なんだから、行ってもおかしくなかったと思う。でも行かなかった。なぜかと言うと、別の活動、創価学会の活動をしていたからだ。今まで書かなかったが、このことと向き合って書こうと思う。

僕の両親は創価学会員だった。したがって、僕も創価学会に参加していた。障害をもつ子どもの親にはわりと創価学会員が多い。一般論だけど、障害をもつ子が生まれると、親は自分の行いが悪かったのかと思い、宗教に頼ってしまうことが多いようだ。創価学会には、身体障害者を中心にしたグループ、「自由グループ」があり、僕はそこに属して折伏《しゃくぶく》(＊5)や公明党の応援などをやっていた。今振り返れば、とても疲れたし、当事者運動に行っていたならなあと思うのだけど。

ともかく、一五歳のころから創価学会のいろんな行事に参加し、四〇歳あたりに抜け出した。というのも、活動していくうちに失望したからだ。いろんな疑問が湧き出してきた。僕は障害者グループに属していたんだけど、ある意味、世間といっしょだった。いろんな能力のある障害者がいて、幹部になり、できない障害者は小さくなって肩身の狭い思いをしなければならないことが、だんだん見えてきた。こんなことやっていては障害者問題なんて解決できるわけなんてない。

また、公明党の政策にも疑問だらけだった。消費税の導入なんかに賛成しちゃうし、抜けた後のことだけど、二〇〇五年の障害者自立支援法制定のときなんかひどかった。公明党は「障害者問題に力を入れている」と言っていたので、僕たちは当事者四〇名で話を聞いてもらおうと、本部に行った。そしたら、話を聞いてくれるどころか、警察を呼ばれて追っ払われた。そんなこんなで、創価学会に参加していたため、当事者運動には遠い生活をしていた。

でも、今考えるとそれだけでもない。当事者運動でまず名前があがるのは「青い芝の会」かもしれない。「青い芝の会」には直接参加はしなかったので、誤解かもしれないが、参加したひとからよくこんな話を聞いていた。「青い芝だって世間と同じだ。いろんな能力のある障害者がいて、そのひとがえらくなり、できない障害者は小さくなって肩身の狭い思いをしなければならない」と。今、これを書いていて、思うんだけど、「青い芝の会」のひとたちがやってきたことを決してけなそうとしているわけではないし、彼らがやってきたことはすごく意味のあることだし、やっているひと自身の志は決して疑わない。しかし、ひとが集まって何かをしようと思うと、必ず上下の序列ができてしまうようだ。それがいやで僕は参加できなかったのだ。少なくとも、誰かと誰かを分けるんじゃなくて、ともにやっていく未来をつくらなくてはだめだと、うまくは言えないけど強い確信があった。

---

＊5　折伏とは、仏教本来の意味は「悪人・悪法を打ち砕き、迷いを覚まさせること」だけど、創価学会では勧誘活動をそう呼んでいる。

## 障害当事者運動について

いろいろ言ったけど、「青い芝の会」に惹《ひ》かれてもいたことは間違いない。その動きはときおり気にしていた。というのも、間接的かもしれないが、僕の人生に影響を与えた団体でもあるからだ。前に話したけれど、僕が光明養護学校に入ったのは、「青い芝の会」のひとのおかげだ。そのひとは、僕が四歳のときから小学三年くらいまで相手をしてくれた。たまに、レクリエーションとかにも連れていってもらった。その後も誕生日のときとか、家に来てくれた。彼の名は金沢英児さんだ。小さいころのことなので、あまり正確には覚えていないが、「青い芝の会」のことは彼から教えてもらった。そのとき、「青い芝」という名前は覚えたけれど、何をしている会なのかはよくわからなかった。

改めて「青い芝の会」を意識するようになったのは、僕が二二歳で、金沢さんが亡くなったときだ。「青い芝の会」の名前だけは聞いていたけど、そのときは調べなかった。四〇歳のとき、たまたまパソコンで遊んでいたら、そのページが出てきた。ページを見たら、いろんな資料が出てきて、すごく重要な問題だなと思った。金沢さんは「青い芝の会」会員として国会の社会労働委員会に出ていた。そして参考人として「共生社会」について問題を提起していた。僕は勉強しておけばよかったと思った。

その後、いろいろなことを調べて、二〇〇五年に『さようならＣＰ』（＊6）を観た。場所は大田区役所の玄関前だ。自分のための抗議運動で行ったときに、表で勝手に上映会をやった。初めての企画だった。応援に来てくれた川崎のひと（このひとも「青い芝の会」のひとだ）がビデオを持ってきてくれた（このときのことはまた後で書こう）。

それだけではなく、「青い芝の会」についてはこんな思い出もある。僕の裁判のとき、当時の介助者が弁護士を紹介してくれた。その介助者さんは「青い芝の会」をつくった高山久子さんの介助をやっているひとでもあった。それをきっかけに、高山さんとも交流することになった。僕は彼女と交流することで、自分がもっていた「青い芝の会」への思い込みをなくすことができた。彼女は僕よりも三〇歳も年上なのに、すごいバイタリティをもっていた。「青い芝」というと怖いイメージがあるが、彼女は芯は強いけれど、優しく魅力的なひとだった。そんなこんなで、「青い芝の会」は、僕にとって気になるものではあり続けた。

＊6　映画監督、原一男による映画（一九七二年）。『さようならＣＰ』は原さんの処女作であり、「青い芝の会神奈川県連合会」のメンバーたちを撮ったドキュメンタリー映画である。その後の障害者運動に大きな影響を与えた。

二〇一八年、僕が原さんの講演会を聞きに行ったときに聞いた話を書いておきたい。覚えている限りだけど、心に残っているので書く。原さんは、このとき、映画の撮り方なんて何も知らなかったそうだ。撮ることが決まってから、カメラの使い方を覚えたらしい。また、こういう気持ちで撮ったと言っていた。「街は君たち障害者を排除している。それなら、彼らが排除したものを、彼らに対してちゃんと見せつけてやれ！　君たちのありのままを見せつけろ！」と。この映画では、最後に会のメンバーの横田弘さんが裸で出てくる。僕はそれに感動した。

平和島温泉にて。手前が金沢さん。僕はいない

金沢さんと妹と僕。羽田飛行場にて

また、「青い芝の会」と同じく有名な運動に、「府中療育センター闘争」（＊7）、つまり、新田勲さん、三井絹子さんを中心にした運動（＊8）があった。僕は当時、二〇歳くらいで、光明養護学校を卒業し、フラフラ遊んでいるときだった。今考えれば、積極的に参加すればよかったが、親に「行くな」と言われて、言うことを聞いてしまった。

新田さん、三井さんとは、府中療育センター闘争の前、僕が一九歳のときに藤沢で会って、ちょっと話したことがある。僕は高校生のとき、駅で酔漢に間違われ交番に連れていかれ、それを新聞に投稿した。僕の学校の後輩の友だちがそれを読んでくれて仲良くなったという話を前にも書いた。そのひとが紹介してくれたのだ。話をしたのはたった一五分くらいだったけど、話す機会はあった。話をしたのだから、運動に参加すればよかったんだけど、弱くて行けなかった。後になってから新田さんに「行けばよかった。ごめんなさい」と謝った。実際、このときの運動には、いろんな立場のひとが参加しており、上下関係などもなく、行かない理由はなかったと思う。でも当時はフラフラしているのが好きで、遊んでしまったんだ。

新田さん、三井さんを紹介してくれた彼は、障害者運動の世界ではとても顔が広く、やはりそのころ、養護学校問題に取り組んでいる脳性マヒの埼玉の活動家のひとも紹介してくれた。八木下浩一さんだ（＊9）。会って話をした。彼は「障害者はロボットじゃない」という、僕にとっては衝撃的な言

---

＊7　府中療育センターは、一九六八年開設。重度の身体障害者、知的障害者、心身障害者を対象とした大規模複合施設である。
一九七〇年に東京都が、入所者の一部をほかの施設（八王子）に移転させることを勝手に決めた。これに対して入所者数名が「有志グループ」をつくり、都に対して事情の説明、強制的な移転反対、センターの生活環境改善などを訴えた。当時のセンターは、入所者に対して大部屋で集団生活を強い、プライバシーはゼロ、面会は月に一回親族のみ、トイレの時間も決まっていてまったく自由がなかった。「有志グループ」は、こうした施設のあり方に反対の声を上げたんだ。ハンガーストライキを行ったり、都庁舎前にテントを張って一年九か月も座り込んだりと、壮絶な反対運動を展開した。これをきっかけにして、重度障害者であろうと地域で自立生活を送るのは当たり前なのだという考えが拡がっていく。

＊8　「府中療育センター闘争」を始めた「有志グループ」の中心には、新田勲さん（一九四〇〜二〇一三年）と三井（新田）絹子さん（一九四五年〜）のご兄妹がいた。新田勲さんは『足文字は叫ぶ！』（現代書館、二〇〇九年）を書き、三井さんは『抵抗の証　私は人形じゃない』（千書房、二〇〇六年）を書いているので、詳しくはそれを読んでください。お二人の活動は、現在の「全国公的介護保障要求者組合」につながっており、「重度訪問介護」の基礎をつくった。

＊9　八木下浩一さん（一九四一〜二〇二〇年）。埼玉で暮らした脳性マヒ当事者だ。一九六八年ころから地域の小学校への就学運動を始め、一九七〇年に聴講生扱いで埼玉県川口市立芝小学校に入学する。翌一九七一年に、二九歳で学籍を

葉を口にした。その言葉は僕の人生に刻み込まれた。自分の人生は、自分の意思で決めなくちゃならない。親でも、社会でも、宗教でもなく、自分の意思で。そう思ったものの、やはり僕は弱くて、その後は遊んでしまった。

## 南部労組とのじれん

二八年前の一九九四年ころ、四二歳のとき、僕はしきりに友だち（彼は養護学校の先生をしていた）を、「いっしょに九州旅行に行かないか」と誘っていた。彼は、「僕の手伝いをしたら、いっしょに一〇日間くらい行ってもいいよ」と返事をくれた。そこで手伝うことにしたんだけど、それは「東京南部労働者組合」（南部労組）という組合活動の手伝いだった。手伝ってから一年くらいして、彼といっしょに九州旅行に行った。彼は三年くらい組合活動をやっていたけれど、江戸川に引っ越してやめてしまった。僕だけが取り残された形だ。

そこでやめる選択肢もあったけど、やっていくうちにいろんな社会問題を知って、活動自体に関心をもつようになった。そして、副委員長をやらないかと頼まれるようにもなった。そのとき、少し考え込んだ。僕はいわゆる「労働者」じゃない。どこかの会社に勤めているわけじゃない。それなのに「労働組合」の役職なんてやっていいんだろうか、と。疑問に思って仲間のみんなとも何度も話し合った。

その結果、こう考えてもいいんじゃないかと思った。確かに僕はいわゆる「労働者」ではない。でも、目に見える「労働者」だけが労働者というわけではないだろう。いわゆる「労働者」は一人で生きているわけじゃない。そのひとが働くためには、その周りに支えてくれる家族や友人たちがいるはずだ。彼らがいるからこそ、そのひとは「労働者」として労働できるんだ。だったら、その周りのひとの一人に障害者がいてもおかしくないだろうし、遠回りした言い方かもしれないが、その障害者も「労働者」を支えているという意味で労働している。そう考えてもいいのなら、大きな意味で、障害者である僕だって労働している。だから「労働組合」の役職に就いてもいいんじゃないか、と。こうして、僕は組合活動にのめり込んでいった。

五五ページの絵は南部労組の仲間である神矢努《かみや》さんが描いたうさぎの絵だ。彼は郵便局を不当解雇されたが、あきらめずに闘い、最終的に最高裁判所で「処分撤回・原職奪還」を勝ち取った筋金入りの運動家だ。二八年間も闘ったんだ。信念のひとだと思う。そう書くと、すごくいかめしい感じがするけど、僕にとっては優しく面白いひとだ。組合の集まりでは細々としたことに気を使って事前にいろいろ準備をしてくれていたし、たまに口にする冗談がすごくさえているんだ。彼は六三歳（？）で

得る。全国障害者解放運動連絡会議（全障連）の結成呼びかけ人として、関西青い芝の会連合会、関西「障害者」解放委員会とともに名を連ねる。「川口に障害者の生きる場をつくる会」代表、埼玉社会福祉研究会代表、『季刊福祉労働』編集委員、千書房社長、埼玉障害者市民ネットワーク代表、埼玉障害者自立生活協会理事長・相談役を歴任した、厳しい、芯の通ったひとだ。

「若年性アルツハイマー型認知症」となってしまった。それからは「認知症とともに生きる」という活動を、住んでいる団地の仲間や地域に根差して取り組み続けている。もともと歌がうまいが、今は口笛がとても気に入っていて、抜群にうまい。組合活動の現場でもいろいろな曲を吹いてくれる。中島みゆきのファンで、コンサートに行っていることもつい最近知った。絵は、認知症になってから、趣味として描くようになったそうだ。以前見せてもらったのだけど、すごくいい!! それで神矢さんにお願いして、この本に使わせてもらうことにした。神矢さんの絵は、表紙にも使わせてもらった「鳥たち」と「ひょっとこ」と「インドの子ども」の絵と、この「うさぎ」の四枚だ。みんなにも見てほしい。こんな仲間がいる面白い組合なんだ。

このころ、もう一つ、僕が力を入れて取り組んだ活動がある。「のじれん」だ。現在の正式名は「渋谷・野宿者の生存と生活をかちとる自由連合」だ。この団体は、野宿者と支援者双方で構成される野宿者問題の当事者団体だ。おもに渋谷区の宮下公園で活動していた。なんで僕が関わるようになったかを話そう。九州旅行に行ったことは前に書いたけど、その途中、広島に寄った。ちょうど夏で、原爆の式典（原爆死没者慰霊式や平和祈念式）をやっていたからだ。とても暑かった。遅れて着いたので、けっきょく、式典には出ずに、反戦デモの集会に行った。そこで、坂口さん（仮名）と平野さん（仮名）に会ったんだ。後でわかったが、彼らは「のじれん」のメンバーだった。僕はそんなことは知らず、集会の参加者として言葉を交わしてそこで別れた。

さて、東京に戻ってきて僕は組合活動をやるわけだけど、組合から連帯のあいさつとして「のじれ

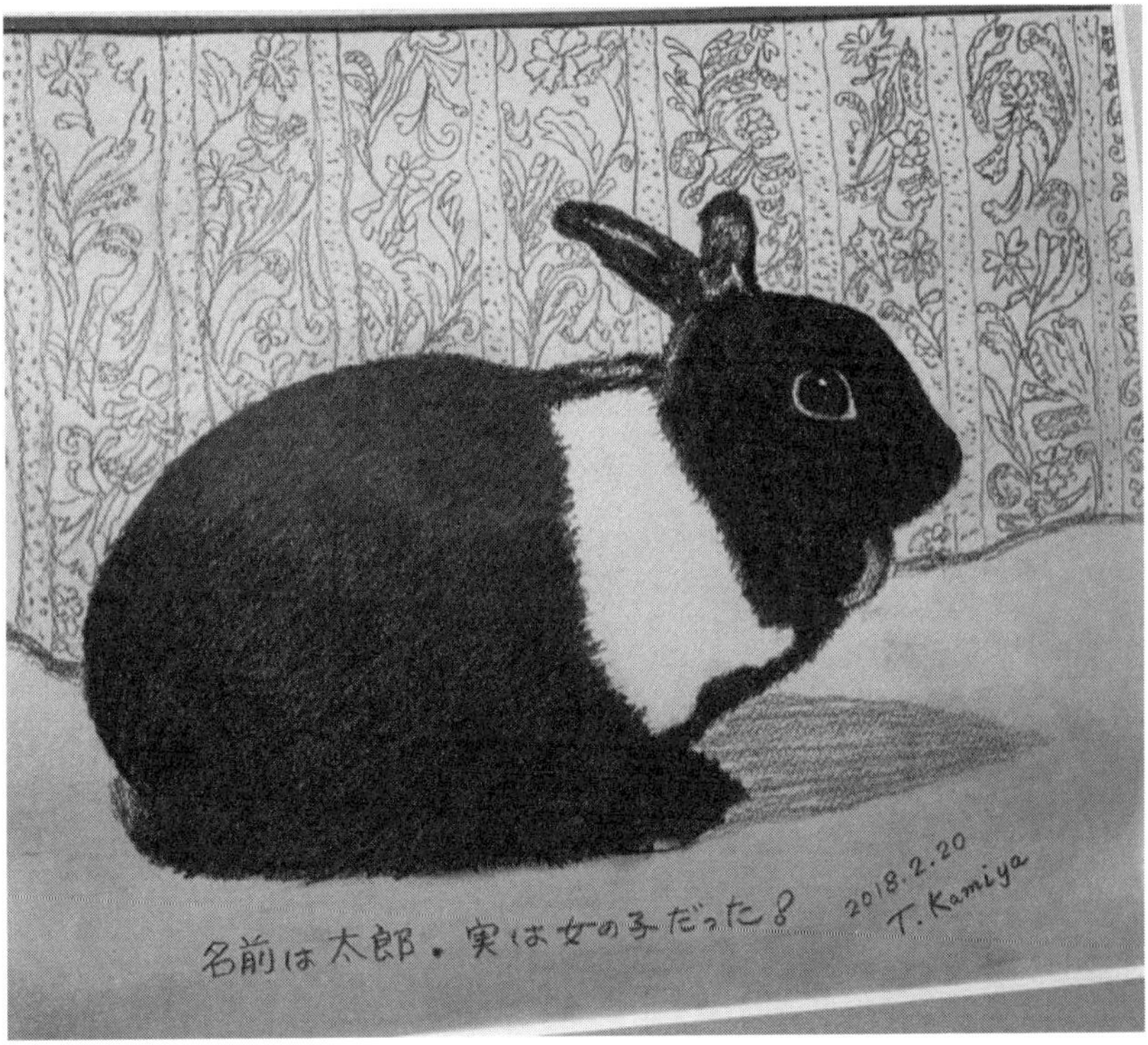
名前は太郎・実は女の子だった!
2018.2.20
T. Kamiya

神矢努さんの描いたうさぎの絵

ん」の集まりに行ってこいと言われた。それで行ってみたら、広島で会った坂口さんと平野さんに再会した。彼らと話すうちに「のじれん」にも興味が湧いてきた。野宿者は差別されている。僕ら障害者と同じように差別されている。でも、彼らだって頑張ってきたひとたちだ。特に、一九六四年のオリンピックをきっかけに東京に出てきて建築現場などで一生懸命に働いて、身体を壊して野宿者になっているひとたちがいる。そんな世の中はおかしい！

話がずれるかもしれないけど、僕は「２０２０年東京オリンピック」は反対だった（コロナのせいで一年延期になったけど、ますます感染拡大しそうな二〇二一年、「やめろ！」という世論を無視して強行された！）。だって、オリンピックのために、東京都は野宿者を公園から追い出しているからだ。公園はみんなのもののはずだ。なのに、宮下公園なんか、企業に貸し出して金もうけをしようとしている。とんでもない！「選手たちは一生懸命練習しているんだから反対なんて失礼じゃないか」というひともいるけど、野宿者を追い出してまでやる必要が本当にあるのか？　ないと思う。

僕は「のじれん」の活動にも参加し始めた。「のじれん」は単に野宿者の支援団体ではない。上から目線で、野宿者に何か「やってあげる」のではなくて、食事やいろいろなほかの活動を、当事者といっしょに準備からやっていこうという姿勢が「ともに生きる」ということと重なって、面白く感じられた。自分の介助者も「のじれん」に関わるひとたちに入ってもらうようになった。

## 僕自身の闘いの始まり—安藤さんとの出会い

僕の生活は「のじれん」や組合活動を軸にしてまわっていった。その組合活動のなかで、僕がその後、いっしょに介護事業所を立ち上げることになるひとと出会った。安藤裕子さんだ。組合の関係者で新しく「福祉の街づくり条例を考える会」という団体をつくろうとしていたとき、彼女と出会った。そこだけじゃなく、ほかの団体でも彼女といっしょになった。前に「なまずの家」の倉林さんから、神戸の震災のカンパ活動を手伝うように頼まれたことは書いたと思う。そのとき、「阪神被災障害者を支援する南部の会」という会をつくった。安藤さんはそこにも参加していた。その会は駅頭でカンパ活動を行い、そのカンパを被災現地に届けていた。安藤さんは若いときから障害者の介助をして、障害者運動にも深く関わっていたため、熱心に活動してくれた。それで、倉林さんと安藤さんと僕の三人は、いろんな問題について話し合うようになった（*10）。

一九九五〜九六年ころ、倉林さんと安藤さんと僕とで、障害当事者のために「事業所」をつくったらいいんじゃないかという話になった（事業所をつくれるようになったのは、二〇〇三年からなので、

＊10　後でわかったことだけど、彼女とはすでに共通点があった。「なまずの家」だ。そこで会ったことはなかったが、彼女も僕と同じ時期に倉林さんを通して「なまずの家」と接点をもっていたようだ。

正確に言えば「事業所」の話じゃない。どういうふうにしたら僕の介助体制を安定させることができるかということを中心に、話は一般的な介助体制の在り方にまで拡がっていった）。もちろんお金のためじゃなくて、当事者のためだ。僕たちは、障害当事者と介助者（いわゆる「健常者」）との関係について悩んでいた（特に僕は当時、介助者に恋をしたりしていたのですごく悩んでいた）。一般社会は健常者が上であるかのようにいろんなことを押しつけ、差別してくる。その一方で、激しくなっていった障害当事者運動は一般社会に対する反発が強くて、当事者がえらいといっているかのように聞こえた。僕はどっちも間違いだと思ったし、いばるのはどっちもおかしいと思った。共生社会をつくらなくてはいけないとも思った。そのためにはどうすればいいのだろうと考えた。「事業所」づくりが一つの実験になるんじゃないかと思ったのだ。

僕は当時、なんとか歩けたので問題なかったが、車いす利用者のなかには、学生ボランティアを集めるために、やりたくもない麻雀をして学生を集めるひともいると聞いた。また、ボランティアのなかには責任感が希薄なひともいて、平気で遅刻してくるので、当事者の予定がだいなしになることもあった。それじゃあダメだと思う。僕らのやりたいことをちゃんと介助してくれるひとが必要だと思った。障害者が地域に出て自立生活を始めた当初は、介護保障制度はなく、介助者はボランティアだった。でもボランティアは、それをやるひとに余裕がないとできないことだし、みんなそれぞれ生活があるのでどんどん先細りしていく。ボランティアではなく、あたりまえに地域で生きていくための権利として「公的介護保障」を要求して介護保障制度を勝ち取ってきたわけだけど、それと同時に、

「税金を使う」「公平性」などということでの制度のしばり（例えば資格や運営など）や、上（行政）からの管理もどんどん厳しくなってきた。そこで、「自薦ヘルパー」「セルフプラン」という障害者主体のやり方を守り、障害者の地域での自立生活と介助者の生活を同時に保障し合うような事業所の設立と運営をめざせないか、ということが大きな共通意識としてもあったんだ。当事者の自立生活を支えながら、介助者は介助者で自分の生活をつくっていく。理想論だけど、一つの実験として意味があるんじゃないかと思った。

　倉林さんと安藤さんと僕とで、そのほかにも、いろんな問題について語り合った。そうしながら準備を進めていたのだけど一年くらいたったとき、倉林さんは病気になった。肺がんで、悲しいことに六〇歳前に亡くなってしまった。倉林さんを欠いたため、計画はいったん中止にならざるを得なかった。でも、これで終わったわけじゃない。僕は仲間たちと事業所をつくるという実験をやることになる。ただ、一度目は失敗し、その後、紆余《うよ》曲折《きょくせつ》を経てもう一度挑戦する。一度目は、僕が死ぬ気で取り組んだ裁判をやっていくなかで、それと同時並行で事業所をつくった。けれど、後に書くように、すったもんだの末、それは解散した。あきらめきれずもう一度つくった。その経過をわかってもらうために、第二部も僕自身のことから始めよう。

# 第二部

## 僕自身の闘い

二〇〇〇年、四八歳のとき、一八年住んだアパートから引っ越しをして、平和島（大田区）の風呂つきのマンションに住み始めた。身体が動かなくなってきたので、週八時間ヘルパーに来てもらって生活をしていた。その二年前の一九九八年ころから歩けなくなってきて電動車いすを使い始めた。介助の時間をだんだん増やしていった（週一二時間まで増えた）。それまでのアパートは風呂なしだったので好きな時間に入れなかったし、入浴介助も自宅でやってもらえたほうがいいので引っ越したんだ。

七年前（一九九三年）からときどき、手動の車いすにも乗ったりしていた。このころはいわゆる「措置」制度の時代だった。僕は大田区の心身障害者ホームヘルプサービス派遣事業（＊11）と、主に全身性障害者介護人派遣サービス事業を利用していた。「介護人派遣サービス事業」は自分でいろいろやらなくちゃならないので、周りのひとに声をかけてヘルパーをやってもらっていた（彼らには対価として行政からお金が払われる）。組合の友だちや、マラソンの友だち、そのほかのいろんなひとにビラを撒いて声をかけ、ヘルパーを集めた。

四〇歳代は組合活動や「のじれん」をやる一方で、一人暮らしを謳歌して趣味（コンサートや野球）を楽しんでいた。というのも、少し前、カリフォルニアのバークレーから来たひととの自立生活運動に関する講演を聞いて（＊12）、社会的な問題は重要だけれども、当事者自身が自分の生活を充実させることがとても重要だと思ったからだ。

もちろん、社会的な問題を投げ出していていいわけではないことは知っている。それに立ち向かっていくにも、自分のやりたいことやっておくことが必要だと思い、一生懸命遊んでいた。

介助者といっしょに手動の車いすで、ソウル・フラワー・ユニオン（＊13）のコンサートに行って、彼らの打ち上げに参加したりもした。そのとき、ちょっとした事件があった。地下で飲み会があったので、車いすを置いて歩いて（少し動けたので）、そこに行った。みんなといっしょに楽しく飲んで、午前三時を過ぎたあたりだった。戻ってきたら、車いすが盗まれていた。どうしてそんなものを盗もうと思うのかよくわからないけど、後で考えてみると、それを外国に売って金もうけしようとするやつらがいることがわかったので、僕のときもそうかもしれない（当時、別の件で大阪に行ったとき、

＊11　今でいう無資格・未経験の支援者に介助者としての給与が出るようにした仕組み。行政の役割はお金を出すのみで、介助者の確保から、育成・教育・勤務シフトの決定・人事までも障害者が行う制度だ。

＊12　「自立生活運動」とは、障害者が自立生活の権利を主張した社会運動のことだ。一九六〇年代のアメリカ・カリフォルニア州で、当事者の大学生が抗議運動をしたことから始まった。
一九七〇年代、そうした運動をもとに障害当事者が事業所運営を行う「自立生活センター（ＣＩＬ）」がバークレーで設立される。日本でも、一九八六年に日本で最初のＣＩＬ「ヒューマンケア協会」が設立され、一九九一年には全国各地のＣＩＬの連携を目的とした全国自立生活センター協議会（ＪＩＬ）が設立された。

＊13　一九九三年に結成された日本のミクスチャー・ロック・バンド。介助者から教えてもらった。民謡や大衆歌謡（労働歌、革命歌など）のマージナル・ミュージックをロックンロールと融合させた音楽を展開する。

大阪の車いす利用者が、車いすから離れるとき、チェーンロックをしているのを見て、なるほど、わかるなと思った)。とにかく盗まれた。しようがないので、介助者といっしょにタクシーに乗って家に帰った。

また、友だちの障害者と組んで「共生マラソン」のひとたちの協力を得て、ダンスパーティを企画した。四七歳のとき、品川の「大森ベルポート」のイベントスペースを借り、障害者による障害者参加中心のディスコ・ダンスパーティを開催した。ベルポートはいろんな店が入っている大きなビルで、その一階の広い場所を貸し出してコンサートとかをしていた。結構お金がかかったけれど、カンパを集めてなんとかそこを借りた。広いところで、みんながソロで踊って、とても気持ちよかった。こんなことは二度とできないと思う。

当時を思い出すと、いろんな思い出が浮かび上がってくる。介助のひとと夜通し飲み明かしもした。当時は痩せてたなあと思う(今は七四キロだけど、そのころは四八キロだった)。今思えば、飲み歩くのを繰り返せば、まあ太るよねと思う。こんな感じでいろんなところに行って、力いっぱい遊んでいた。楽しかった。

ベルポートはこんな感じでいろんなひとが踊った

でも、否応なしに社会は僕を巻き込んでくる。時間はさかのぼるが、ちょうどダンスパーティの一年前、四六歳のとき、僕は裁判に関わるかどうか、紙一重のところだった。日頃、東急池上線をわりと使っていたのだが、そこで乗車拒否をされた。車いすが入れる駅じゃないので、もう一つ手前か、先の駅に行ってくれと言われた。これはこれでむかつくんだけど、しばらくして、そこがワンマン化するという知らせもやってきた。

その知らせは「全関東単一労働組合東急分会」の仲間がもってきてくれて、「いっしょに抗議活動をしないか?」と誘われた。僕は乗車拒否で頭にきていたので、やることにした。確かにワンマン化は困る。介助者を付けずに車いすに乗っているひとならよくわかると思うが、乗務員が運転に集中せざるを得ず、僕らの乗り降りは大いに不安を感じたり、危険を感じたりすることが多くなるからだ。あと、重要なことではないけれど「電磁波」のことも少しだけ問題になった。当時は、ドアの一斉開け閉めで電磁波が飛ぶといわれていて、それもワンマン化反対の理由になっていた。もちろん重要なのは、障害者の安全確保についての問題だけど。池上線はそれ以外の点ではよくて、スロープなどを使用せずに車いすが乗り降りできるバリアフリー路線だっただけに、ワンマン化はとても残念だった。

仲間たちと、池上線の全駅を点検してまわった。そして幾度か交渉を重ねたが、交渉は行きづまり、平行線になっていった。裁判闘争の覚悟をしなければならないかという感じになってきたとき、僕はこう思った。「裁判というのはとても厄介だ。今回は関係者一〇名でいっしょにやろうとしたので、なんとかいけると思ったけど、一人ではどうにもならない。裁判なんかに関わりたくない。好きでやる奴もいないと思うし、時間もかかる」。最終的に裁判までいかない感じになったので、僕はちょっとほっとした。

ところが数年後、避けられない形で、裁判が僕にやってきた。もう腹をくくるしかなかった。

## 介助者とのつきあい、介助体制をどうつくっていくのか？

二〇〇三年四月から「支援費制度」が始まることになった。それまでは「措置制度」だった。「措置制度」では「介護人派遣事業」を使えば、だれにでもヘルパーを頼めた。面倒くさい資格なんてなかった。けど「支援費」のもとでは、ヘルパーに資格制度が導入された。僕は、資格なんて今でもいらないと思う。あってもいいんだけど、ないひとのほうがしっかりと介助をやってくれたなと思う。僕のいうことを聞いてちゃんとやってくれた。今やヘルパーは資格取得や研修に追われ、がんじがらめだ。

もちろん「介護人派遣事業」にも問題はある。介助者としての心構えのないひとにどうやって介助者になってもらうか、介助されるひとが自分で考えなくちゃいけないことだ。それをやるのが当事者の仕事だろと言われればそれまでだけど、そう簡単な話じゃない。例えば、金銭上のトラブルがあった。僕は「このひとは信頼できる！」と思ってお金を貸したことがある。でもそのひとはそのまま消えてしまうことが何回かあった（このときは僕も自分のやり方を反省した）。また、介助者としての役割をあまり意識してくれず、関係が悪くなることもあった。自分の意見を強く押しつけてこようとするんだ。僕は「紅しょうが」が好きなので、いつも買ってきて食べていた。けれどもそのひとは「紅しょうが」が嫌いだったようで、「健康に悪い」とか「合成着色料が入っていてよくない」とか、こちらの好みを理解してくれなかった（最後はケンカして別れた。ちなみに僕はこれを「紅しょうが問題」と呼んでいる）。今思えば、「面白い経験だった」と言えるんだけど、問題は問題だろうと思う。

それに対して「支援費制度」では、事業所と僕が契約するので、それぞれのヘルパーとのあいだに事業所がクッションとして入ることになる。だから変なこじれ方が少なくなる。最悪の場合、事業所を替えればいいんだ。僕たちが事業所を決められるという建前だ。それだけ聞けば、いいことのような気がする。確かに、当事者と介助者のこじれ方は少なくなったとは思う。でもこれにはこれの問題があり、全体的に見れば、「措置」のほうが自由だったと思う。

「支援費制度」では僕たち障害者は、住んでいる地域によって分けられ、格差が生じるようになった。あろうことか、精神障害者や難病のひとは対象外だったし、知的障害者には制限があった。さらに「自己決定」といいながら、大きな流れとしては、僕たちは管理されるようになっていく。契約という建前のもと、自分の生活を他人に決められるようになるからだ。ひどく窮屈だ。

さらに、制度移行のドタバタを利用して、厚生労働省は僕たちの介助に時間制限、つまり、上限を設けようと検討していたことも明らかになった。僕たちは、二〇〇三年一月、日比谷公園に集まり、厚労省前で反対運動を展開した。このときの反対運動はすごかった。立場が違う障害者団体がなんとか手を握り、上限を設けようとする厚労省に立ち向かったんだ。結果、時間数に上限を設けないことを約束させた。

そして四月から「支援費制度」は始まった。実際、行政（大田区）は、僕に対し、二〇〇三年四月時点で、移動介護一二四時間、日常生活支援三一〇時間／月を決定してきた。介助時間が大幅に増えたんだ（今まで何をやってたんだ）。けど、僕はいやだった。

「支援費制度」には内心不服だったけど、始まってしまった以上、なんとかそれに合わせて介助体制をつくっていった。三つの事業所を選んでそこからヘルパーを派遣してもらった。といっても、今までの関係のつくり方を変えるわけにもいかない。いろんなところで会ったひとに声をかけて、事業所に登録してもらった（資格も取ってもらった）。そして、そこから派遣という形で来てもらった。また、自立生活センター（ＣＩＬ）系事業所からも来てもらった。僕はこのころの数年間、体調を崩して（お腹を痛くしたりとか）、ちょこまか入退院を繰り返していた。介助者が必要だったんだ。介助のひとたちと相談して、少しずつ介助時間を延ばしていこうと考えていたところだった。大田区には必要な時間をくれといっている最中だったんだ。希望としては一日二四時間だった。僕と介助者は、不足分をボランティア体制でなんとかギリギリつなぎながら、大田区に対し、支援費支給決定の見直しを繰り返し主張した。行政はなんだかんだと言って聞く耳を持たなかったけど。

ところで、三つの事業所からヘルパーを派遣してもらうと、いろんなことがバラバラになる。それぞれの事業所で教えられた仕方でやられてしまう。でも、これは僕の生活なんだから、それじゃだめだと思った。どうしようかと考えた。そこで、そういえばと思い出したことがあった。亡くなった倉林さんから「介助者会議」というのをやっているひとがいるという話を聞いたんだ。「介助者会議」というのは、当事者とそのヘルパーたちが月一回程度集まって、介助の仕方をみんなで決めていくというやり方だ。これは、新田さんたちがつくっていったやり方だと、村田実さん（一四三頁の＊36を参照）という重度障害をもつひとに聞いたことがあった。「これはいい！」と思ってやり始めた。聞くところによると、「介助者会議」をやると、当事者が介助者に丸め込まれるので、それはダメだという考え方もあるらしい。でも僕には「介助者会議」が性に合っていた。障害者はロボットじゃない。介助者に介助の仕方を勝手に決められては困る。僕が介助者に介助の仕方を教えなくてはならないんだ。勝手にやってもらったほうが楽かもしれない。でも違う。それだけなら施設と同じだ。僕の生活なんだから、僕が責任を負わなくちゃならないんだ。介助者を育てるのも当事者の責任だ。そう考えて「介助者会議」を始めた。ずっと続けて今でも月一回それをやっている。

## 移動時間削減の経緯

そうこうしているうちに、支援費制度が始まって一年近くがたった。ここでとんでもないことが起こった。行政（大田区）は密かに「移動介護の時間数は一か月当たり三二時間を上限とする」という要綱をつくり、僕たち障害者に押しつけようとしてきたんだ。実は前の年の七月ころからそんな噂が出始めていた。それを聞きつけたひとがいて、二〇〇四年三月一二日に大田区議会予算特別委員会でこのことについての質疑があった。大田区はあわてたようで、三月二三日に大田区民センターで、行政の課長・係長が出てきて地域の障害者団体や当事者向けに「説明会」が開かれた。そこで「要綱」が読み上げられ、こんな説明があった。「一般区民が土曜日と日曜日に四時間ずつ計八時間余暇活動を行うことを想定し、四週で四×八＝三二時間が障害者の移動時間の上限と考えた、四月からはこの要綱が適用される」と。そして、参加者からの質問・抗議を一方的に打ち切り、席を立った。

移動介護三二時間／月だって!!　一日一時間だ。それで何ができる？　障害者は外に出ちゃいけないのか!!!　しかもその理由が、「一般区民の土日の余暇時間」ときている。とんでもなくて話にならない!!!

だいたい、この「要綱」なるものは、大田区（「助役」らしい）が勝手につくったものだ。法律に決められたことでもなければ、国の方針でもない。大田区議会が決めたことでもない。ただ単に、大田区が何の根拠もなくつくった「内部文書」だ。

今の総合支援法のもとでは、移動介護は事業所への加算がつくかどうかの問題になっている。この法律では、移動と日常支援の時間が総合され、トータルで僕に時間が支給される。その時間をどう使うかは、ある程度、僕が自由に決められる。とはいえ、一応移動介護の時間数は定められてはいて、その枠内で外出したならば、介助者を派遣している事業所に移動加算がつく仕組みになっている。例えば僕が四時間外出したら、事業所に四時間分加算がつくんだ。もし僕の実際の移動時間が定められた時間より多くなったとしても、事業所が「関係ないよ。加算なんかなくてもいいよ」と言うならば、僕は介助者といっしょに好きに外出できる。あえて言うならば、当事者には実害がない。そう考えると、たいした問題ではないと思われるかもしれない。しかし、当時は違う。日常生活支援に移動時間が上乗せされて全体の介助時間が決まっていた。日常生活支援と移動時間はそれぞれ別個に考慮されていた。だから、移動時間が減るということは、僕の支給時間が減るということであり、直接的に僕らは家にしばりつけられるんだ。二〇〇六年の障害者自立支援法のとき、障害者運動がこの問題について厚労省と何度も交渉し、やっと現在のようになった。

この「説明会」で、僕ら地域の障害者たちは頭にきた。「みんなで力を合わせて闘おう」と握手し合った。でも、これは後々わかってくることだけど、そうはいってもみんな一丸になって闘えるかというと違う。ここで握手したひとのなかには、悲しいけれども、別の方向を取ったひともいた。簡単にいえば、行政側に切り崩されたひとがいたんだ。僕自身も裁判に打って出ようとした時期に、間接的にいろいろ誘いがあったからわかる。はっきりとは言わないけど、「うるさいことを言わなければ、あなただけ、ちょっと優遇するよ」ということを匂わせるひとはいた。もちろん、その誘いをしたひとに確認したとしても「そんなことは言ってないよ」と言うだろうけど。状況からいって、そういう話なんだろうなという誘いはいっぱいあった。

話を戻そう。移動時間削減なんて、おかしいと思っていたら、三月二九日の夕方、突然、大田区は「移動介護三二時間を受け入れろ」とせまってきた。僕は拒否した。大田区の態度に初めはびっくりした。そして怒った。三月三〇日に大田区にもう一度、話し合う場を設けさせた。でも、大田区は主張を変えず、こちらも納得できず「最低でも現状継続」を要求した。そしたら、三月三一日に区の職員がうちにやって来て、「本日中に三二時間を了解しないと、明日からの支援費支給はできない」と、脅すような言葉を口にして帰っていった。

四月三日に大田区は、三二時間に削減した支給量決定通知書をうちに送りつけてきた。そのとき、こんなこと絶対に許せないと思った。でも正直に言うと、どうしようととまどってもいた。行政（大田区）は、これほど話しても耳を傾けてくれないし、これ以上、面倒なことになるのもいやだ。行政に文句を言うのはとても厄介だ。時間も体力も気力も必要になる。寝てたほうが楽なことは間違いない。このままでなんとかうまくやり過ごすことはできないのかなあ、とも考えた。僕だけのことなら、いったんは我慢すればいいのかなとも思った。障害者がお荷物のように扱われるのは今に始まったことじゃないし、理不尽なことを言われるのも、まあ、慣れてはいる。

しかし、自分のことを考えているうちに、自分の周りのひとたちのことも頭に浮かぶようになる。介助のあのひとたちは僕の介助をすることで生活している。それがなくなったら、彼らはどうするんだろうか？　いなくなっちゃうのかな、と。また、「いっしょに頑張ろう」と言いあったひとたちのことも思い浮かんでくる。彼らには「逃げた奴」と噂されるんだろうか。さらに、仲良くしていた共生共走マラソンのひとたちのことも思い浮かぶ。僕が行政とケンカしたら、大田区はマラソンの後援から抜けちゃうだろうから（後の話だが、事実、僕と闘っている間、大田区は後援してくれなかった）、みんなに迷惑をかけてしまうよな、やめたほうがいいのかな？　でも来ているあのひとも障害者で、移動時間が減ればマラソンにも参加できなくなってしまうんじゃないかな。

こういったことが頭をぐるぐる回り始める。何回も考えた。介助者のなかにも「これを認めたら『移動の自由』はなくなる。いっしょに闘おう」といってくれるひともいて、ある日、「このままではダメだ」と心を決めた（僕自身、気が短いところがあって、どっちかに決めなきゃとイライラしてもいた）。これは大田区の全障害者に関わる問題だ。ここで引いたら、ダメになる。大田区ととことん闘う決意を固めた（そうカッコつけてはみるけど、その後も、あっちに揺れたり、こっちに揺れたり、ふらふらしたと思う）。

ただ、最初は裁判になるとは思っていなかった。まず、運動を広げようと話し合った。僕の周りには理解してくれる介助者がいた。次に、これまで関わっていた組合（南部労組）に相談した。そしたら協力してくれることになった。また、これまで関わってきた活動を通じて、府中の障害当事者とその介助をやっていた障害者運動のひとたちも協力してくれることになった。つながりが広がっていき、「のじれん」のひとたちも協力してくれた。

さらに、法律に詳しいひとが必要だと思った。そういう話を介助者にしていたら、たまたま、その介助者（＊14）は別の障害当事者の介助にも入っており、そのひとに相談してくれた。そのひとは僕

＊14　山口美恵子さんだ。お酒が大好きで明るい素敵なひとだった。病気で亡くなってしまった。ここで名前をあげて「ありがとう」と言っておきたい。

の高校の先輩だった。高山久子さんといって、なんと「青い芝」の創設者の一人だった。偶然の一致かもしれないが、僕が幼いころ面倒を見てくれたのも「青い芝」の金沢さんだったし、僕が窮地のとき、手を差し伸べてくれたのも「青い芝」の高山さんだった。直接「青い芝」には入ったことはないけど、なんか面白い。

高山さんは僕の状況を聞くと、自分の親しい友人を紹介してくれた。彼は藤岡毅さんという。藤岡さんは高山さんの介助をしながら、勉強して弁護士になったひとだ。その経歴のせいか、僕の裁判から出発して、障害者が不当な扱いを受けた場合の裁判を数多く手がけるようになった。僕の状況を聞いて、彼は「この話は、自分のためにこそある」と思ってくれたようだ。お金もとらずに、手弁当で僕の弁護を引き受けてくれた。こうして、僕と介助者だけでなく、応援してくれる仲間ができたんだ。

ちょっとだけ藤岡さんについて触れておきたい。彼は弁護士という堅い側面をもちながら、とても明るく、愛すべきひとだ。学生のころ、弁護士をめざし、法学部にいながら学歴社会に反抗し中退した。そして司法試験に受かったんだ。僕の裁判も一生懸命やってくれた。不謹慎なようだけど、裁判での彼の様子は、その真面目さとひとの好さがうまい具合に混じり合って、僕にはとても面白かった。彼は本当にドラマの弁護士みたいに立ったり動いたりする！　裁判を進めるだけなら、仏頂面して話していればいい。でも彼は違った。話しながら、あっち行ったりこっち行ったり、いろんなところを向いて話すんだ。まるでテレビで観た裁判そのものだ！　それが見たくて実は裁判を心待ちにしていたときもある。うまく伝わらないかもしれないが、彼はまじめで面白いんだ！

## 「鈴木敬治さんと共に移動の自由をとりもどす会」

二〇〇四年四月二三日、弁護士の藤岡さん、友人の安藤さん、前田実さんを始め、仲間とともに大田区と交渉を開始した。要求はシンプルに「移動介護を減らすな！」というものだった。「鈴木敬治と介護人および支援者一同」の名で二時間交渉した。削減の根拠を大田区に聞いても、前に書いたとんでもない説明、つまり、「一般区民の土曜日四時間、日曜日四時間の四倍で月三二時間を障害者の移動時間とする」という説明以外は、何も答えなかった。僕たちは区長に対して公開質問状を出した。仲間たちから「長い闘いになるだろう」という声が上がり、藤岡さん、安藤さんが中心となって運動組織を立ち上げてくれた。「鈴木敬治さんと共に移動の自由をとりもどす会」（以下、「とりもどす会」という）(http://suzukikeiji.minim.ne.jp)（＊15）だ。ひとづてに聞いて、いろんなひとたちが集まってくれた。有馬秀雄さんや古賀典夫さん、鷹林茂男さん、早坂智之さん、奥山徹さん、山本眞理さん

---

＊15　二〇〇四年、大田区に交渉を申し入れたときは「鈴木敬治と介護人および支援者一同」という名前だったが、二〇〇五年に訴訟を提起するときに「鈴木敬治さんと共に移動の自由をとりもどす会」を発足させた。
　この会のホームページでは、裁判のなかで必要となったさまざまな情報（みんながつくってくれた文書など）を公開している。もし介護制度のことで困っている障害当事者がいれば、のぞいてみてほしい。何かの役に立てばとてもうれしい。

（＊16）（当時、全国「精神病」者集団）も来てくれた。また、名前を一人一人あげないけれど、さまざまな立場のひとが集まってくれた。この当時のことは忘れない。裁判が終わった後もつきあいが続いている大切なひとたちだ。

五月一八日にもう一度話し合ったが、やはりいい結果ではなかった。その後、二一日に区長からの返事が来た。しかし、返事はそっけないもので「移動介護要綱を適用して削減した」とのことだった。ふざけるなと思ったけど、話し合いによって解決したかったので、もう一度、五月二五日に場を設定した。やっぱりだめだった。らちがあかないので、三一日に行政不服審査法に基づいて、大田区長に対して異議申立てを行った（＊17）。

頑張んなきゃいけないと思っていたら、六月下旬に胆のう炎になり、手術して一週間入院になってしまった。月末に退院できたものの、七月一日に午後一時過ぎから深夜まで一二時間近い交渉をやらなければならなくなった。なんでそんなに長時間やらなくちゃならないのか、と思うかもしれない。僕も一瞬そう思った。自分だけのことであれば投げ出せるんだけど、大田区の全障害者に関わる問題だと思うと、逃げられなかった。

こんなつらい思いをして交渉に出てきたのに、大田区は強硬姿勢をとってきた。このときは車いす障害者・支援の仲間が五〇人前後参加してくれた。「全国公的介護保障要求者組合」のひとたち（三井さんたち）や「青い芝」の小山正義さん（＊18）も来てくれた。遊びでなくて朝帰りしたのは初めてだった。いい結果ではなかったけど。

やれることは全部やらなきゃいけないと思い、九月三〇日に大田区議会に陳情書を提出した。結果は不採択（一二月九日）だった。この間、東京都に問い合わせたり、厚生労働省に問い合わせたりもした。東京都からは（日時は遡るけど）七月三〇日に「支援費の一律上限は好ましくない」と回答があったし、厚労省は、翌年（二〇〇五年）一月に「支援費支給は個々の事情を勘案して決定するもの」と回答してくれた。それにもかかわらず、大田区は変わらなかった。

このままじゃだめだと思い、仲間たちといっしょに、大田区の庁舎前で署名活動とビラまきをやり始めた。何日かやると、大田区は庁舎管理規則をタテに妨害してきた。それに負けないように、いろんなところで署名活動をした。

二〇〇五年六月九日、集めた署名を区長に提出しようと、区長室に行こうとした。そしたら職員一〇名に阻止された。納得できないので、庁舎前に座り込んだ。それを見た区長は議会閉会後、しぶしぶ署名を受け取った。でも、僕らはこのままではおさまらなかった。「僕ら当事者の苦しみを見ろ！」と、ものすごく怒りを感じていた。なので、庁舎前に泊まり込んだ（一二名のひとがいっしょに泊まり込んだ）。泊まり込むだけじゃ暇なので、仲間が映画の上映会をしてくれた。その映画とは何か？

---

*16 山本眞理さんは、精神障害者のための活動を長くしてきた、活動の草分けのようなひとで、怒ると怖い。でも、ふだんは笑顔がチャーミングな、とても意志の強いひとだ。

*17 その後、支援費時代に計四回、異議申立てを行ったが、大田区は何一つ書面を発行せずに黙殺した。

*18 「青い芝の会」の川崎支部を立ち上げたひとだ。

『さようならＣＰ』だ。前にも話したと思うけど、『さようならＣＰ』は原一男監督の映画で「青い芝」のひとたち、特に横田弘さん（＊19）を撮ったドキュメンタリー映画だ。僕はこのとき初めて大田区庁舎前でこの映画を見た。とてもよかった。文字通り、ありのままの姿で、横田さんに感動した（この映画の最後では、横田さんは一糸まとわぬ姿でカメラの前に現れる）。いい映画だなと思っていたら、何の関係もない通行人が三名、僕らに寄ってきていっしょに映画を見ていたんだ。映画もよかったけど、この時間はとても大事な時間だと思えた。というのも、その少し前、障害をもったひとだけど、そのひとが僕らを見てこう言ったからだ。「おまえらは暴れているだけだ！　こんなところに来るな！」と。僕はこれを聞いて悔しかったし、かわいそうなひとだと思った。それだけに、なんにも関係のない通りすがりのひとが来て、いっしょにいてくれたことがとてもうれしかったし、大事なことだと思えた。

他方、僕たちは怒って行動をしていただけではない（面白半分じゃないんだ）。行政の担当者と、静かにきちんと話し合いを重ねてもいた（暴れて怒鳴りたい気持ちになったけどね）。二〇〇五年七月八日にも課長と交渉していた。交渉のたびに、僕自身の介助時間は少しずつ延びていった。この日は、課長が僕に対して「移動介護一二四時間以上、一日二四時間介護の必要性の要望ありとして上にあげた」と回答してくれた（僕はこの時期、睡眠時無呼吸症候群に苦しんでいたので、二四時間介護の必要性も訴えていた）。

僕自身に関してはいいんだけど、移動時間削減の根拠となっていた「要綱」については、少しも変わらない。僕が言いたかったのは、僕を優遇しろってことじゃないんだ!! わけもわからず、移動を制限するなって言いたいんだ。これでかなり頭にきた。

大田区役所前の行動の後、「とりもどす会」のみんなで話し合って、どうするかを考えた。結論として、裁判に訴えることにした。二〇〇五年八月三〇日、東京地方裁判所に、大田区の処分の取消し、一二四時間の義務付け、要綱の違法確認、損害賠償を求める行政訴訟を提起した（いわゆる「鈴木第一次訴訟」。判決については八八頁「第一次訴訟判決」を参照）。

自分の裁判を終えた後も、僕はいろんな障害者運動に顔を出してきた。その現場を見て思ったことを少し書きたい。まず問題があって、それに困るひとがいる。そのひとが困らなくなることは重要な

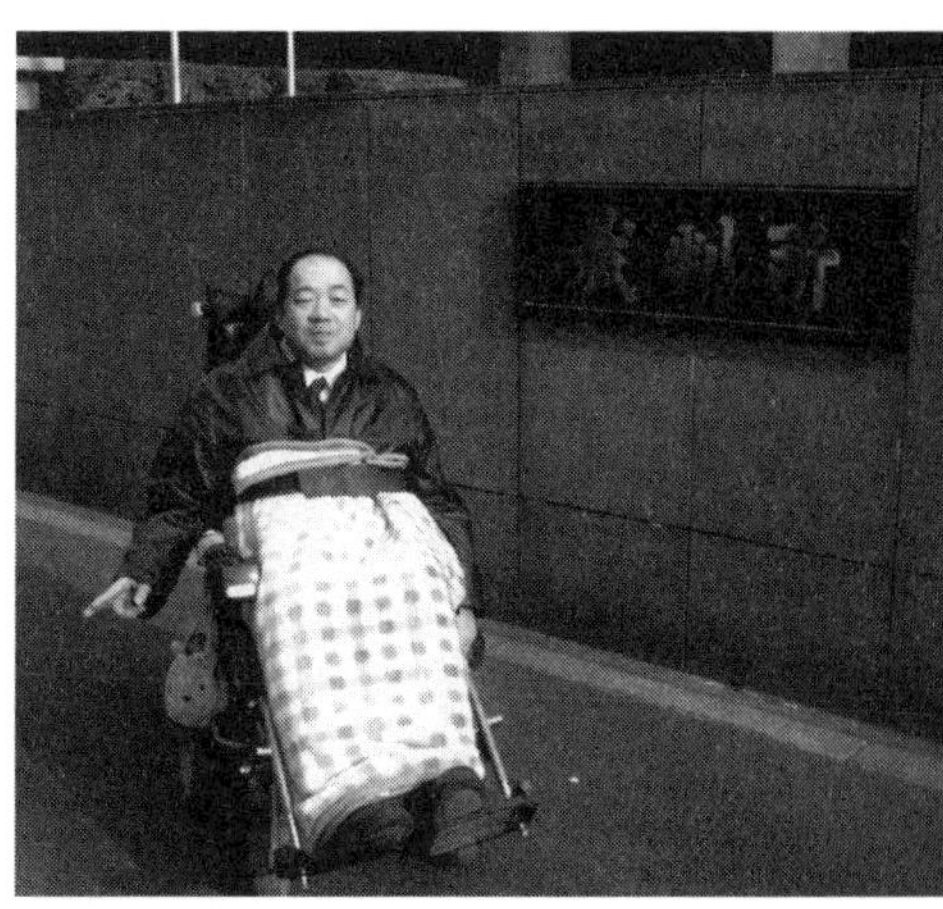

裁判所から出てきた僕

＊19 「青い芝」神奈川県連合会の一員として、障害児殺しの母親に対する減刑嘆願運動反対に取り組む。映画『さようならCP』の制作・上映、障害者のバス乗車拒否に対する闘争、優生保護法改定反対運動、養護学校義務化阻止闘争など、障害者の生存権確立運動を展開した。立岩真也・臼井正樹との共著書に『われらは愛と正義を否定する―脳性マヒ者横田弘と「青い芝」』（生活書院、二〇一六年）がある。

ことだ。だけど、そのとき、その理由がなんであるのかちゃんと考えて動かないと、運動は変になる。なぜかと言うと、僕自身にその誘いがきたように、何か訴えだすと「騒がないでくれ、あなたに悪いようにしないから」と特別扱いをして、問題から目をそらすように言うひとが出てくるからだ。それでは何も変わらない。同じことをやっているだけだ。難しい法律用語や福祉用語を振り回しても意味がない。問題から目をそらすことなく、実際に動かなきゃ意味がない。そう思ったんだ。

## 2・27JR蒲田駅障害者差別事件

障害者が声を上げることは、実のところとても難しい。大きな覚悟が必要だ。ほんのちょっと「おかしい！」と抗議しても、社会は基本的に耳を傾けない。それでもこちらが主張しようとすれば、社会はいろんな手で僕たちの声を抑えこもうとする。

訴訟を起こす前、二〇〇五年二月二七日にこんなことがあった。その日の深夜、JR蒲田駅の終電車に乗ろうと急いでいた僕は、零時二五分ごろJR蒲田駅改札係に階段上り介助を頼んだ。JR蒲田駅の改札は二階にあるのだけれど、駅ビルのエスカレーターとエレベーターは、夜一一時までしか動いていなかったからだ（今は電車がある限りエレベーターが動いている）。そのため、一一時以降はひとの力で上るしかなかった。しかし、そういう事情にもかかわらず、改札係は「職員がいないので警察にでも頼んでくれ」と言って介助を拒否した。

やむなく通りがかりの一般のひとたちに協力してもらい、二階に上った。幸い改札からホームには行けた。ホームに着いたとき、駅員がいたため、介助拒否されたことを伝えてそれに抗議した。そしたら、「しょうがないだろ、がまんしろ」「おまえら文句ばかり言うな」「エスカレーターの動いている時間に乗れ」などと言って開き直ったんだ。僕は大変腹が立った。なので、昇降板を持ってきた別の駅員に抗議したら、彼の対応もさらにひどかった。「文句ばかり言っていい加減にしろ。文句があるなら本社に言え」と逆ギレし、僕とともに抗議していた介助者の襟首に突然つかみかかってきた。

その駅員は、介助者をホームのなかで引きずり回した。周りの通行人が制止したものの、なおも駅員は介助者の襟首をつかんで離さない。周りのひとが止めに入り、やっと引き離された後も、駅員は「こいつが蹴ったから警察に告訴する」と言い出した。

それは事実と違うので僕はびっくりした。いないはずの駅員が多数（五、六名）出てきた。そのうちの一人も、また介助者につかみかかろうとした。周りのひとたちが止めてくれたけれど、乗客からの「早く電車を出してくれ」との声を無視して、そんなことをしようとしたんだ。その後、蒲田駅が警察を呼んだようで、警官が多数やってきた。警官は、駅員と僕と僕の介助者に事情聴取を始めた。僕の話を聴いた警官は「警察の介入する話ではない」と納得してくれたかに思えた。なぜなら、なおも文句を言っている駅員の態度に「確かにあれはひどいね」と言っていたからだ。

しかし、駅員の話だけを聴いていた警官は、「あいつに蹴られたからつかみかかった」という彼の勝手な言い分をうのみにして、「任意だ」と言いながら僕の介助者の腕をつかんで連行しようとした。

介助者は「任意なら断る」と言ったのに、署に連行したんだ。僕はパトカーには乗れなかったので、そのときいっしょにいた仲間たちとともに、すぐ後で蒲田署に行った。そして署員から、介助者が「暴行」の容疑で逮捕されたことを告げられた。事実と逆だ。あまりにも理不尽だ。

後でわかったことだけど、僕の介助者は「のじれん」のメンバーだったため、公安警察が出てきて「任意同行」から「正式逮捕」へと切り換えたらしい。「のじれん」は、前にも書いたけど、野宿者と支援者双方で構成する野宿者問題の当事者団体だ。そこになんで公安警察が出てくるのか、不思議に思うひともいるだろう。実際に僕も不思議に思っていた。あくまでも公安警察の思い込みと差別なんだけど、野宿者のなかに社会転覆を狙うひとがいると考え、普通の生活をしているのに口実をつけてやたら介入してこようとするんだ。そんなことやるんだったら、ほかに重要なことがあるだろうと思うんだけどね。

とにかく、野宿者とわかったとたん、対応を変えたということだ。野宿者だと、暴力の被害者でも一方的に悪者扱いされるんだ。本当にひどい話だ。ＪＲ蒲田駅の障害者差別が原因で起きたもめごとのはずなんだけど、野宿者とその運動が関係しているとわかったとたん、警察は障害者差別そっちのけで、野宿者運動を弾圧しようとしたんだ。

事件の翌日に、藤岡さんが聞いたところでは、「二八日午前零時三七分、ＪＲ蒲田駅員による私人逮捕」というでたらめな話になっているとのことだった（その介助者は「とりもどす会」の大事なメンバーだったので、藤岡さんに接見を頼んだんだ）。僕は蒲田駅に出向き、駅員が多数いたにもかかわらず、嘘をついて介助を拒否したこと、抗議に対する暴言、逆ギレした駅員による介助者への暴行に対して抗議し、謝罪を求めた。しかし、蒲田駅は「おまえら、いいかげんにしろ。威力業務妨害で全員逮捕するぞ」と脅し、話を一方的に打ち切った。

逮捕された彼をそのままにはしておけないし、この成り行きにも黙っているわけにはいかない！ 僕と介助者たち、「のじれん」、南部労組が中心となって、「2・27JR蒲田駅障害者差別弾圧救援会」を結成し、闘いを始めた。蒲田署前での抗議・激励行動（カンパ活動も）を行いながら、弁護士による接見を重ねていった。

他方で、僕は「交通行動東京実行委員会」（＊20）に所属していたので、JR本社とのバリアフリーについての交渉の場でこのことを言い、JR本社と交渉を始めた。で、明らかになったのは、JR蒲田駅は本社へきちんとこのことを報告していなかったことだ。また、その後「交通行動」に入った連絡によると、「彼が電車を止めたため警察を呼んだ」という嘘の話がJR蒲田駅側から伝えられたとのことだった。

三月一〇日、やっと彼は釈放された。この間、彼はまったく罪がないのに拘束されていたんだ！ しかし、警察は非を認めず「処分保留」の釈放（起訴するかどうか結論は出ていないけどとりあえず

＊20　正式名称は『誰もが使える交通機関を求める全国行動』東京実行委員会」。障害をもったひとが集まり、交通機関（鉄道、バス会社、タクシー会社）と交渉の場をつくり、バリアフリーを実現しようとする団体。

の釈放）であった。

この事件は障害者差別と野宿者差別が混じったものだ。このまま泣き寝入りするわけにはいかない。問題のＪＲ蒲田駅ともう一度話し合わなければならないと思った。けれど調べてみると、エレベーターの管轄は大田区だった。そこで三月三一日、僕たちは、大田区への申し入れを行い、しかるべき責任部署から回答してもらうよう約束を取り付けた。もちろん、ＪＲ蒲田駅にも行った。最初、蒲田駅では、駅員が「抗議文か要望書か。抗議なら受け取らない」と居直った。障害者が声を上げるとこうなることが多い。最初は腫れ物に触るように、なるべく関わってこないようにするんだけど、関わらざるを得なくなると、差別をむき出しにしてくるんだ。この対応に対して仲間たちが抗議の声を上げてくれた。そしたら制服警官が出てきた。僕たちは申し入れ書を読み上げ、謝罪要求と申し入れ書を手渡した。返事はけっきょくどこからもなかった（エレベーターは動くようになったけどね）。

このように大きな展開を見せたが、きっかけは、ほんのちょっとした抗議だ。それでも社会は僕たちを抑え込もうとするんだ。障害者は勇気を出して闘わなくちゃならない。一人が声を出すことで、ほんの少しだけど社会は変わっていくはずだ。

## 介護事業所「ゆにてぃ」設立

僕は、このころの数年間体調を崩していた。若いころの食生活がたたったんだ。怒ると血圧が二〇〇くらいになった。原因はよくわかっている。二〇代のころから、酒を飲んで暴飲暴食をしていたからだ。家で食べるときは自分でつくったけど、めんどくさいからカップラーメンしかつくらなかった。お湯を沸かすだけでいいからね。長い間、そんな生活をしていたから、そりゃ体調も悪くなる。無呼吸症候群とかにもなり、介助が必要となってきていた。

で、古い友だちから「生活保護を取っているんだったら、他人介護を取ったほうがいいよ」と言われて、それを取りたいと思った。他人介護とは、生活保護を受給しており、介助を必要とするひとに対して支給される特別介護料だ。障害者福祉の法に基づいて行政が支給してくる時間が、必要な時間に達していない場合、その空白時間に当てることができる。僕が行政からお金を受け取って、介助してくれたひとに払うという仕組みだ。地域のひとたちやそのときに入っていた介助者としっかり話し合いながら、どうやったら他人介護を取れるかを考えていった。そして、議論を重ねた末に、ちょうど移動時間が削減されることがわかった二〇〇四年三月に申請した。けれど、なかなか認めてもらえなかった(＊21)。移動削減の話と並行しながら、その交渉も進めていた(二〇〇六年にやっと認めら

＊21　二〇〇四年三月に申請したが、次のようなややこしい経過をたどって二〇〇六年にやっと認められた。申請したが却下決定。そこで不服審査請求を申し立て、六月、却下取消決定となる。その後、放置される。抗議し、九月に区から都にあげさせる。しかし、都には放置される。さらに抗議し、翌年二月に国にあげさせる。三月、「書類不備」で国から都へ戻される。わけがわからないので、不備内容について区から都へ問い合わせをしてもらい、都が指導を約束する。最終的に大臣承認(国庫分)の支給を獲得した。

れる)。

この二〇〇四年当時の介助のメンバーには、昔からの介助者もいたけれど、新しいメンバー、移動削減の問題で集まってくれて介助に入ったひとたちもいた。新しいメンバーは主に「のじれん」のひとが多かった。前に話した坂口さんと平野さんもいた。彼らとは広島で会ったわけだけど、特に坂口さんの最初の印象は、よくしゃべる、かっこいいひとだと思った(詳しくは後で語るつもりだけど、今から思えば、そんなふうに惹かれてしまったのは僕の未熟さだ)。いいひとだと思っていたので、介助にも入ってもらっていた。坂口さんから僕の運動の話を聞いて、小林敏彦さん(＊22)も応援に来てくれた。

小林さんと坂口さんと話しているうちに、彼らから事業所をいっしょにやらないかと提案された。前に書いたように、安藤さんと亡くなった倉林さんといっしょに、僕は事業所を立ち上げることを考えていたから、いい話だと思った。安藤さんも誘っていろいろ話し始め、作業を進めていった。名前は「ゆにてぃ」とした(＊23)。障害者も健常者(介助者)もともに生きるという意味で、その名前を付けた。当事者の自立生活を支えながら、介助者は介助者で自分の生活をつくっていく。以前考えていた理想だ。介助者に賃金を支払って責任のある介助をやってもらい、僕ら当事者は自分が希望する生活を送るということだ。

僕の生活は、裁判と事業所をどう運営していくのかという二本柱になった。この「ゆにてぃ」は二〇〇六年八月三〇日設立とした。つまり、行政訴訟と同じ日に始めたのだ。でも、裁判と自主的な事業所運営を同時に進めていくのは大変な作業だ。そのなかで、坂口さんには事業所運営を主にやってもらい、安藤さんには「とりもどす会」の運営を主にやってもらうという役割分担ができていった。

ここで、はっきり言っておくべきだという気持ちがあるので、書こうと思う。この事業所は失敗だった。僕はよくしゃべるかっこいい坂口さんに傾倒していった。坂口さんがそれを意識していたかどうかはわからないけど、なんと言えばいいのか、僕をかかえ込んで、事業所を自分の持ち物であるかのように運営し始めた。例えば、介助で入ってきたひとを自分が気に入らないからといって追い出すようなことを始めたんだ。最後には自分の友だちさえ追い出そうとした。いま思えば、僕は持ち上げられたり、けなされたりしながら、将棋の駒のように扱われ始めた。彼はひとを追い出すとき、自分の責任でやるんじゃなく、僕に悪口を吹き込み、僕の意見としてそのひとを追い出そうとした。はっきり言おう。僕はこのとき、闘えなかった。彼の言う通りにしてしまった。「障害者はロボットじゃない」と言われて、それに衝撃を受けたはずなのに、「ロボット」になってしまっていた。本当に悔しい。そういう感じで彼はひとを操ろうとしていた。何年かして問題が目に見えるようになってきたとき、僕は追い込まれてうつになったが、なんとかほかの介助者に支えられて、立ち上がり、最

---

＊22　彼は僕と同じ大田区の生まれ（西六郷）で、最初は施設で過ごしていたけど、二〇歳代で自立生活を始めた。全国障害者解放運動連絡会議（全障連）に参加し、三里塚闘争などにも関わっていた。型破りのひとで、生活もそうだったが、四七歳の若さで亡くなってしまった。残念だ。

＊23　「ゆにてぃ」とは、英語の「unity」を日本語にしたもので、「団結・一致・協同」の意味がある。

終的に彼に立ち向かい、手を切ることができた。これは僕の裁判が進んでいく裏側で展開されたドラマだ。

「ゆにてぃ」設立当時、坂口さんは僕にとっていいひとに見えたんだ。しかし、今思えば、設立するときから、わりと自分のしたいように話を進めるところがあった。そのために、入ってくれていた介助のひとと溝ができるようになっていった。坂口さんは、あるひとには「君はいらない」と言ってみたり、僕が信頼して事務をやってほしいと思っていたひとに事務をやらせなかったりした。その横暴さは、最初は目立たなかったけれど、少しずつ表に出てくるようになった。そのせいで、僕の介助のひとたちのなかで溝がさらに深まっていった。なかには、嫌気がさして「介助はやるけど、悪いけど、裁判支援のほうはやれないよ」というひとも出てきたくらいだった。

## 第一次鈴木訴訟判決

二〇〇六年一一月二九日、東京地裁で、第一次鈴木訴訟の判決が出た(**＊24**)。裁判長の第一声は「却下する」だった。ふざけるなと思ったし、傍聴席から「不当判決だ」と声が聞こえた。ところが裁判長が「ちょっと聞いてください！」と言って理由を説明し始めた。その理由とは「本件行政処分は全て違法である」という「違法の理由」だった！

「原告は、平成一五年四月以降も、一カ月あたり一二四時間の移動介護に係る支給量を認めていた平成一五年支援費支給決定と同程度の移動介護に係る支給量を必要としていたと認められるところ、それにもかかわらず、本件要綱に従うことによって、それまで必要として支給されていた移動介護に係る支給量が約四分の一又は三分の一に激減することになるのである。

そうすると、本件各処分は旧身体障害者福祉法等の趣旨に反して、その判断の過程において考慮すべき事項を考慮しないこと等によりその内容が社会通念に照らし妥当性を欠くものといわざるを得ないから、処分行政庁が有する裁量権の範囲を逸脱したものとして、違法な処分というべきものである」

裁判長はこう言った。「大田区の処分は全て違法である」と。それから、「却下」の理由も説明された。裁判の途中の二〇〇六年四月一日から障害者自立支援法が施行され、身体障害者福祉法にあった支援費制度の条文が削除された。そのため、「訴えの利益がない」ということで、原告（僕たち）の訴えは「却下」という結論になったということだった。つまり、「形式敗訴、実質勝訴」の判決だった。勝ったんだ！　この判決の後、僕は記者会見を開いた。そこで読んだ文章をここに入れよう。

＊24　第一次鈴木訴訟の判決文と藤岡弁護士の解説等は『賃金と社会保障』№１４３９（２００７年４月上旬号）に掲載されている。

## 今回の判決の感想を述べる―口頭で―

二〇〇六年一一月二九日　鈴木　敬治

この裁判は、多くの仲間たちの支えがあってここまでやってこれました。僕の生活を支えてくれた介助者のみんなや、僕の闘いをずっと支えてくれた支援のみんなや、応援してくれた全国のひとたちに感謝します。何よりも、ともに闘ってくれた大田区の障害者の仲間たちと都内各地からかけつけてくれた障害者の仲間たちに、本当にお礼を言いたいです。ありがとうございました。

大田区は障害者いじめの移動／月三二時間で僕たちを苦しめてきました。一人一人の生活を無視して三二時間を押しつけてきました。一人一人、生活はみんな違います。国や役所は、一人一人に必要な介助保障をしなければいけません。大田区長は、大田区に貢献のあった特別なひとだけにうんとたくさん保障してあげますよと言います。こんなことは差別です。障害者の間に、特別なひととそうでないひとという差別をもち込んでいます。特別なひとは生きられて、そうでないひとは死んでよいというのですか？　一ヵ月三二時間の移動／外出ではなんにもできません。一日あたり一時間しか外出できなくて、一体何ができるというのですか？　一時間ぽっちでは、散歩はできても、自分のやりたいことはできません。行きたいところにも行けません。そのためには、僕の生活を介助してくれるひとがいなければできないのです。僕たち障害者一人一人の必要をちゃんと聞いてください。そして、ちゃんと保障してください。

例えば、僕の外出のためには、ベッドから車いすに乗りかえるのも、外出着に着がえるのも、介助が必要です。外出したら、僕は言葉の障害があるから、通訳してもらうことも必要です。外でトイレに行くときも、すべて介助が必要です。例えば、道路に段差があれば、車いすはそこから前に進めません。駅前に放置自転車があれば、そこから先に進めません。電車やバスに乗るときも、キップを買ったり行き先を言ったり、階段を上ったり、健常者にとってはなんでもないようなことが、僕たち重度障害者にとっては大変なことなのです。電車に乗るとき、僕たちは、まずホームに上がる車いす用エスカレーターを用意してもらい、次にスロープを持ってきてもらい、さらに、降りる駅の駅員さんに連絡してもらい、そして、やっと電車に乗れるのです。準備ができるまで、何分も何十分も待たなければなりません。いつもお世話になっている駅員さんたちに感謝しています。しかし、こんな苦労を多くのひとたちにわかってもらいたいのです。今日も、裁判所に来るまでに、多くのひとたちが僕を支えてくれたから来られたのです。それなのに、大田区は障害者の社会参加の外出は月三二時間、一日あたり一時間でいいと言い張ってきたのです。こんなことは本当に許せません。僕たち障害者は、家や施設のベッドでじっとしていなければいけないのですか？　普通に街に出て、多くのひとびととふれあいながら生きてはいけないのですか？

僕はどこにでもいる五四歳の一人の男性です。病気でも何でもありません。ただ重度の障害者であるというだけです。皆さんは一日一時間しか外出が認められないとしたら、それが普通のことだと思いますか？　それ以上外出したければお金を払っておやりなさいと言われたら、どう思いますか？　これが大田区のこれまでのやり方なのです。

四月から障害者自立支援法が始まりました。ところが、国や役所は介助が必要ならばお金を払いなさいと言うのです。お金を支払わさせられて自立が支援されるなんて、おかしな話です。作業所で一日何百円しかもらえずに働く障害者は、その作業所に通うために、毎日お金を支払わさせられるのです。変だと思いませんか？　国や役所は、障害者福祉に予算がかかりすぎるから削らなければいけないといいます。それならば、イラク戦争に自衛隊を送って何百億円も使い、沖縄のアメリカ軍に何兆円も使っているのを、どう説明してくれるのでしょうか？　ひと殺しにお金を使うぐらいならば、ひとが幸せに生きるために使われるべきだと僕は考えます。

苦しめられているのは障害者だけではありません。医療も教育も、どんどん予算が削られています。お年寄りの介護保険（の給付）は元々少ないのに、ますます削られています。政府は今後、この介護保険と障害者福祉をいっしょくたにして、さらに福祉の予算を削ろうとしています。こんなことをされて、だまっていたら、みんなロボットみたいになってしまいます。政府や役所の言うことを「ハイ、ハイ」と聞くだけになってしまいます。みんなが幸せに生きていくことなど、できなくなってしまいます。今こそ、弱い立場にあるひとが勇気をもって立ち上がり、団結しなければ、本当に生きてはいけなくなってしまいます。一人一人は弱くても、みんなで集まれば勇気も力も湧いてきます。僕の裁判は、僕だけの問題ではありません。大田区だけの問題でもありません。全国の弱い立場のひとびとの問題と結ばれているんだと思っています。もし、この闘いで全国の障害者や苦しめられているひとびとに、少しでも勇気を分けることができれば、僕は幸せです。そして、それが僕にとっての社会参加の意義だと思います。大田区が僕の社会参加の外出を削ったから、逆に僕は、社会参加としてこの闘いに立ち上がりました。そして、これは、僕にとっての大きな仕事なのだと思います。

大田区の職員のなかには、ひそかに僕のことを応援してくれるひともいます。だけど多くの職員は、上の決めたことには従うしかないとしばられています。まるでロボットのような仕事をさせられているかわいそうなひとたちです。逆に僕は、重度の障害者ですが、正しいこと、間違っていることを、はっきり言うことができます。心の中は自由なのです。これは本当に幸せなことです。

大田区のいう「安心な街づくり」「やさしい街づくり」は、僕たち障害者の社会参加なしには語れないことです。

記者会見

大田区が控訴しようが、何をしようが、僕はこれからも自由自在な精神で最後まで闘い抜くことを宣言します。

本日は、お集まりいただき、僕の話を聞いてくださり、本当にありがとうございました。

今、読み返してみても、当たり前のことを言っていると思う。

## 第一次訴訟判決後のこと

この判決には重要な意味がある。単に僕が勝ったという話じゃない。障害者の介護支給決定について重要な見方を示したんだ。あまり難しいことは言わずに簡単にポイントだけ言いたい（＊25）。

裁判所は、①「介護支給決定における必要即応の原則」というものを示した。「法は、障害者の個別勘案事項調査を基にいかなる支給量を定めるかにつき、各障害者ごとに個別に判断することを求めているものと解するのが相当である」。障害者の事情は多種多様であり、介護保障は枠で決めてはならず、個別事情を考慮して必要な支給量を出さなくちゃならないということだ。

さらに裁判所はもう一つ、②「健常者基準批判」というものも示した。「障害者が社会参加する時間は、一般区民の週末の余暇時間に合わせなさい」と大田区は主張していたが、判決は「仮に健常者の一週間当たりの平均的な余暇活動が八時間であるとしても、そのことから障害者の社会参加のための外出に三二時間という基準を設けることが合理的であるということは困難である」と言ってくれた。判決によれば、自治体が「要綱」「基準」を定めるとしても、社会通念に照らして合理的な内容であることが必要であり、不合理性がある場合、それに基づく行政処分も違法だと言ったのである。

僕らはさっそく、大田区長に元の支給量の月一二四時間に戻すように求めた。大田区は判決を受け、一二月二七日、マスコミにこう発表する。「二〇〇七年一月一日から上限規定を廃止する」と。

しかし、大田区はまだわかっていなかった。「要綱」にある「月三二時間以内とする」を「標準として月三二時間とする」と変えただけだった。そんなのはおかしい。枠を決めるなという話だったはずだ（繰り返すが、元は一二四時間だ）。他方で、大田区は僕の移動時間を削減する前から、視覚障害者のひとに対して「標準月三二時間」という表現でもって、それ以下に制限してきたという事実がある（これは二次訴訟の大きな論点だ）。それを考えれば、屁理屈もいいところだ。

また、翌二〇〇七年一月中旬、大田区は僕に移動介護支給を行うが、月九〇時間だった（繰り返すが元は一二四時間だ）。「とりもどす会」で話し合い、大田区長あてに全国一三〇あまりの障害者団体と多くの市民の連名で、月一二四時間決定に戻すよう、申し入れた。

東京都にも行政不服審査を申し立てた。このことについて書いておきたいことがある。この当時、

＊25　以下のまとめは、藤岡さんの本から多く借りている。藤岡毅・長岡健太郎『障害者の介護保障訴訟とは何か！――支援を得て当たり前に生きるために』（現代書館、二〇一三年）。

僕は移動時間の原状回復の要求とは別に、僕自身の介助体制の問題として介助時間を延ばすように行政と交渉してもいた。これは移動の問題とはちょっと違うので、「とりもどす会」としてではなく、僕と「ゆにてぃ」の介助者たちを中心にして交渉を行った。めざすは、当然一日二四時間だ。

しかし、行政はなかなかいいとは言わない。何度も何度も交渉した。そのなかで行政のほうからちょっとした提案が出てくる。介助時間に削減した三四時間を上乗せして、一日二一時間（一日の介助時間二〇時間＋削減された移動時間分一日一時間）**（＊26）**を支給するから、行政不服審査請求を取り下げてほしいという提案だ。担当者は、はっきり言わないけれど、「取り下げてくれないと自分のクビが飛ぶ」なんて話まで出てきた。

正直、僕はどうしようか迷った。このまま原状回復の交渉を続けても、どこまで成果が上げられるのかよくわからなかったからだ。大田区はそこまで頑なだった。ずっと平行線で裁判をやることになったら、第一次訴訟とは違ってわかりにくく勝ち目は低い。また、違うひとから、「もしもう一回やるとしたら三年くらいかかるんじゃないの」とも言われた。僕は「もうやだな〜。すごいめんどくさいよ」とちょっと及び腰になっていた。

さらに、区の担当者自身は一生懸命やってくれている感じがしていた。そのひととの信頼関係も重要なんじゃないかと思った。そのひとが困っているんだったら（「クビが飛ぶ」なんて言うからね）、ある程度、ゆずってもいいんじゃないかとも思った。しかし、これはある意味、「少し優遇するから静かにしておいてよ」という取引きだということもよくわかってはいた。すごく悩んだ。交渉は僕と介助者主体だったので、坂口さんにもよく相談していた。坂口さんの意見は「応じるしかないよね」というものだった。

だけど、これは「とりもどす会」の問題でもあるので僕とほかの介助者とで安藤さんも交えて、次には会全体にも相談してみた。そしたら、「確かに鈴木さんの介助時間が増えることは重要だけど、あくまでも原状回復を大田区にさせることが筋なんじゃないか」という意見が出てきた。これはその通りだと思う。僕は

*26 ややこしいのでちょっと説明すると、大田区は一二四時間分、僕の移動を削ってきた。その後、九〇時間分、移動時間を支給してきた。なので、三四時間足りない。それを月単位ではなく日単位にすると、一日一時間分、移動時間が足りないことになる。

僕と前田実さんと遠くに藤岡さん

どうすればいいのか、ずっと悩んでいた(＊27)。

そうこうしているうちに東京都は大田区の「標準として」という言葉づかいにだまされて棄却裁決をしてきた。なので、不服審査請求の取り下げの話はなくなった。でも、僕自身、介助時間が必要なことは事実なので何度も交渉を重ねたすえ、けっきょく、大田区は二一時間を支給はしてきた。けれど原状回復には応じなかった。それどころか「あなたが所属している障害者団体の情報を提供しろ。そしたら、原状回復してやる」なんて無茶苦茶なことを言い出した。

「とりもどす会」や介助者たちと話し合った結果、もう一回、裁判をやるしかないということになった。もう腹をくくるしかない。「やっぱりやらなくちゃいけない。ここで黙っちゃいけないんだ」と思い直した。第一次訴訟の判決が実質的には勝訴だったとはいえ、「敗訴」だったことも釈然としていなかった(事情はわかるんだけどね)。こうして、二〇〇八年一〇月二二日、第二次鈴木訴訟が始まる。今度の相手は、東京都と大田区だ。二者を被告として、行政訴訟と国家賠償請求訴訟を東京地方裁判所に提起した。

## 「ゆにてぃ」の分裂

さて、事業所「ゆにてぃ」の話に戻ろう。介助者たちのあいだにいろいろ溝をつくりながらも、事業所の運営はとりあえず進んでいった。二〇〇六年の一〇月には、利用者は僕だけじゃなくて、もう一人増えた。内山さんだ。内山さんは脳性マヒで病院に入っていたひとだが、友人を介していっしょに自立生活をしようと入ってくれた。内山さんは特に社会運動などに興味はもっていなかったけど、自分をしっかりもっているひとだった。僕と内山さんを利用者にして、「ゆにてぃ」は回っていった。けれど、問題が生じ始める。坂口さんがどんどん独裁色を強めていったんだ。彼は「とりもどす会」と介助者たちをつなぐ役割を担っていたんだけど、あることないことを言って、会と介助者たちを分断する方向に話を進めていった。

また、気に入らないひとがいると、僕や自分に近い介助者に悪口を吹き込み、そのひとを孤立させるようにしていった。働いている介助者を、気分でつるし上げるようなこともやり始めた。例えば、外交代で介助者がそこから帰るとき、めんどうくさがって交通費を一〇円、二〇円多めに事業所に請求することがある。坂口さんはそれをつかまえて、大ごとであるかのように、そのひとを責めるんだ。三時間くらい責める。僕はそこまでしなくていいんじゃないかと思うけど、ごまかすのはよくないという正論で抑え込まれてしまった。

＊27　ここで僕は、「とりもどす会」の意見と介助者たちの意見との間でふらふら揺れてどうすればいいのかわからなくなっていた。僕の未熟さのせいだ。でも、後からわかったことだけど、坂口さんは「とりもどす会」と介助者たちとの分断を引き起こすように動いていたようだ。彼は両方に出ていたにもかかわらず、介助者たちの間では「あいつらは建前ばかりだ」と会の悪口を言っていた。なぜそんなことをしたのかは、よくわからない。これは僕の推測なので正しいかどうかわからないけど、彼はこの取引きをまとめ上げた功労者になりたかったのかもしれない。いずれにせよ、ふらふらした僕が悪い。

事業所を立ち上げる前から、僕の介助をやってくれていた介助者たちは、なんか違うと思い、彼とケンカしたりしていた。昔からやっているひとでも運動家が多かったので、坂口さんのことは知っていたらしい。彼の横暴の前に、「あんた（坂口さん）の独りよがりで乱暴なところは最初から何も変わってないよ」と言って一人、二人と辞めていった。

しばらくすると坂口さんは、僕に夜中の一二時に、その日一日何をやっていたのかを報告しろと言うようになった。そして、「それじゃあダメなんだよ」と、ああしろ、こうしろと言ってくるようになった。いま考えると、完全に僕を支配しようとしていた。僕は僕でおかしいなと思いながら、彼は僕の主要な介助者でもあったので、彼の言うことは正しいのだろうと思い、従っていたような気がする。正直いやな記憶なので、はっきりとは覚えていない。

はっきり覚えているのは、一二時間ぶっ続けの介助者会議だ。昼の一二時から始まって、夜中の一二時までやった。内容は、介助者をそれぞれつるし上げるようなひどいものだった。もう頭が働かなくなっていた。

この問題にいち早く気が付いたのは、内山さんとその近くの介助者だった。内山さんは「坂口さんのやり方は危ない、おかしい」と指摘してくれた。でも坂口さんのやり方は変わらなかった。変わらないどころか、内山さんたちを敵のように見始めた。現在から見れば、内山さんたちの言っていたことはその通りだと思う。でも当時は、わからなかったし、相性が悪い程度のことかなと見くびっていた。さらに考えれば、そんな異様な状況にマヒしていたような気もする。

当時の介助者によれば、僕は二重人格のようになっていたということだ。裁判をやって普通に介助者と話しているときは、障害者運動の未来、その役割などを熱く語っていたらしい。でも坂口さんを目の前にすると、たとえ坂口さんの意見が自分の意見と正反対であっても、坂口さんの言うことだから正しいと言って、自分の意見をすぐに捨て去ってしまい、まったく筋の通らない状態だったらしい。今は後悔している。自分の弱さが出たのだと思う。裁判は苦しい経験だ。そのなかで、あれこれ僕のことを気にしてくれるひとがいると、心強く思えて頼ってしまう。でも自分自身をなくしちゃいけない。ちゃんと自分をもっていなければ、自立じゃないと思う。

介助者を含めていろいろ時間をかけて議論したけれど、うまくいかず、内山さんと彼に近い介助者は、「ゆにてぃ」を出て、新たな事業所・介助体制をつくった。

僕たちは、それでも状況をきちんと理解できず、坂口さんを中心に「ゆにてぃ」を続けていった。介助者たちも、仕事がないために両方の事業所で働き続けるという、ちょっとねじれた感じがしばらく続く。本当に間違っていたと思うけど、「内山さんたちはわかっていない」なんてことを当時は言ってしまっていた。

## 第二次鈴木訴訟の経過

この第二次鈴木訴訟は、経緯を熟知していた藤岡弁護士がむしろ自ら提起し、当然のように弁護を引き受けてくれた。口頭弁論の三回目からは、弁護士の徳田暁さん（当時は横浜あかつき法律事務所所属）も加わってくれた。

第一回目の口頭弁論では、藤岡さんだけではなく、僕が自分の考えを自分の口で話した（言語障害があるので介助者に通訳してもらうことも認めてもらった）。その内容を以下に再録しよう。

東京地方裁判所　平成二〇年（行ウ）第六二四号

原告意見陳述書（第一回口頭弁論）

二〇〇九年一月二六日

原告　鈴木　敬治

この度、私に陳述の機会を下さった裁判官の皆様にお礼申し上げます。

私は、再び大田区と、新たに東京都を相手に、障害者の移動介護三二時間への削減違法を、東京地裁に訴えました鈴木敬治です。

私は、大田区で生まれ、五六年大田区で暮らしてきました。脳性マヒによる重度の障害があります。三〇歳のころ、大田区で一人暮らしの自立生活を始め、できる事は何でも自分でこなしました。私は一三年間大田区の福祉作業所に勤め、箱作りの仕事に励みました。

しかし、四〇歳ころから、脳性マヒ者に多く見られる二次障害が重くなりました。どんどん身体が動かなくなってしまい、介助者の手助けを借りながら、ひととして当たり前な暮らしを求め生きてきました。

現在、私は、働いてお金を稼ぐ事はできません。しかし、家や施設に閉じ込められたくはありません。積極的に社会へ参加することが、私にとっての大事な仕事なんだと思っています。

障害者が社会や街に出なければ、障害者にとっても健全者にとっても、共生とかノーマライゼーションの理念とかバリアフリーの推進が、なぜ社会にとって必要なのかわからなくなってしまうでしょう。

私が社会に出ると、まだまだたくさんのバリアにぶつかります。車いすの視点で移動しなければ見えないことがたくさんあるのです。

また、社会に出るとさまざまなひとと出会います。いろいろなイベントに参加して、地域や全国の障害者と交流したり、健全者と交流したりして多くの事を学びました。一人一人の違いを認め合い、互いに意見をぶつけ、ともに生きる社会をつくる。そうして、街のバリアだけでなく、ひとのこころのなかのバリアをもなくしていきたいのです。

ですから、まだまだ私の仕事は残っています。

二〇〇六年一一月二九日に東京地裁で第一次鈴木訴訟の判決が下されました。大田区の移動介護要綱三二時間上限は、違法であるという裁判結果でした。

しかしその後、大田区は、表現を「三二時間以内」から「三二時間標準」に変えただけで、実質三二時間上限を相変わらず続けています。大田区は、障害者一人一人の必要な時間を聞き、それに基づく支給をしていません。自分たちの作った要綱を当てはめているだけなのです。

二〇〇六年から障害者自立支援法に変わってしまいましたので、これを東京都の不服審査にかけました。しかし、なんと却下通知が二年も経ってから送られてきました。この却下決定に当たり東京都は、障害者一人一人の移動の実態について大田区に問い合わせた、といっています。大田区は、大田区障害者の移動介護の必要性と支給量の実態を調べ問題がない、と言っていたそうです。デタラメもいいところです。私を応援してくれる大田区の視覚障害者も、この三二時間上限にいまだに苦しめられ続け、そして五年間、ともに闘っています。

昨年、東京都が下した不服審査の却下決定は、大田区と同じことを二三区や市町村でやってもいいよと言っているのと同じです。

こんなことを許したら、障害者の当たり前な社会参加の権利は奪われてしまいます。今やこの問題は大田区だけの問題ではなく、東京都全域の問題であります。そして、全国の問題にまで通じています。

私の求めているのは、以下の四点です。

一、大田区の障害者移動介護の削減要綱——社会参加三二時間の撤廃。

二、私の移動介護支給量を元の一二四時間（現重度訪問介護においては一四七時間）に戻すこと（*28）。

三、障害者一人一人の必要に応じた移動介護支給量を認めること。

四、障害者自立支援法の下、移動介護が障害者間でバラバラのサービスに分けられてしまいました。元々一つの移動介護削減が問題の発端です。なので、全ての類型の移動介護を同時に解決すること。

裁判所は、大田区と東京都の違法行為の継続と居直りを止めさせて、この問題の速やかな解決を図ってください。裁判官の皆様の正義の裁きをお願いします。

この裁判では、僕らは単に自分の言いたい主張を言うだけでなく、大田区がどれほどいい加減なことをしていたのかをきちんと突きつけようと思った。大田区は「三二時間標準だから制限していない」と言うけど、もともと視覚障害者等への移動介護では「三二時間標準」と言いながら、規制を加えていた。それに苦しめられている視覚障害者の前田実さんに協力してもらい、それがどれだけいい加減なことかを裁判の場で示そうと思った。前田さんはこれまで移動介護を申請しても、月四一時間

*28　ちょっと補足しておこう。僕が要求している一四七時間は、元の一二四時間に、当時通院に必要な時間二三時間を加えたものだ。大田区は二三時間については認めたものの、一二四時間は認めず、九〇時間だけしか認めなかった。だから大田区が支給した時間は一一三（九〇＋二三）時間になる。この数字は判決のところでまた出てくるので覚えておいてほしい。

を超えての申請はすべて棄却されていたんだ！　裁判で前田さんと僕の現状を示すことで「標準」という言葉であっても、枠を設けることがそもそもダメなんだ、ということをきちんと示したかった。そのため外出風景のＤＶＤなどを映すことをした（裁判で映像を使うのは初めてのことらしい）。

他方、大田区側の主張はひどいものだった。三回目の口頭弁論では、第一次訴訟での大田区の主張「障害者が社会参加する時間は一般区民の週末の余暇時間に合わせなさい」と同じ内容を繰り返した。ほんとにおかしな話だ！　それは一次訴訟の判決できちんと否定されたことだったはずだ。まったくわかっていなかった。

## 第二次訴訟判決

二〇一〇年七月二八日、東京地裁で第二次鈴木訴訟の判決が出る（＊29）。勝った！

第一次訴訟では一二四時間が三二時間に減らされたので、そのひどさをみんなわかってくれた。しかし、今回は、九〇時間は支給されているので、正直不安な面があった。でも裁判所は、「障害者に必要な支給量を認めないのは違法」と言ってくれた。

判決の内容を藤岡さんのまとめを借りて書いておこうと思う（＊30）。

一、処分庁に対する行政訴訟　原告勝訴

「一一三時間を超える部分の支給量を算定しないものとした部分を取り消す」

裁判所から出てきた僕ら

二、処分庁に対する国家賠償請求訴訟　原告敗訴

三、不服審査の裁決庁である被告東京都への行政訴訟　原告敗訴

三つのうち二つは負けているけど、いちばん言いたかったことは勝った！　大田区が移動の時間を九〇時間しか支給しなかったことに対して、判決は「考慮すべき事項を考慮しないことにより社会通念に照らし妥当性を欠き、裁量権の範囲を超えたものとして、取り消すべき違法があると言わなければならない。従って、原告の請求は理由がある」と判断し、処分の違法を明確に言って、僕らの訴えが正しいことを認めたんだ。

＊29　第二次鈴木訴訟の判決文や解説、意見書等は『賃金と社会保障』No.1527（2010年12月上旬号）に掲載されている。

＊30　前掲書（＊25）六二頁。

だけど、納得できないところもあった。第二次判決は、大田区の「三二時間標準」と変更された要綱について「一定の合理性を首肯し得る」と言う。判決の論理はこうだ。標準三二時間と設定することはよい。この時間は使い道を確認するまでもなく、支給しなくちゃいけない。それを超えるものは「個別の事情の確認・勘案により、各障害者の個別の事情に応じて必要な時間数の加算を認めるもの」で、その場合「特段の事情」は不要だ、と。しかし、僕の場合、この「個別的事情」を考えていない、と。僕は「標準何時間」という言い方自体に問題があると思う。障害者は必要な分だけ支給されるべきだ！

ともあれ、勝ったのは間違いない！　そのときの僕の気持ちはこうだった。

## 第二次鈴木行政訴訟に勝利！
## ――大田区による移動介護支給量削減の撤回を勝ち取りました――

鈴木　敬治

七月二八日に東京地裁一〇三号法廷で勝訴判決を言い渡されたとき、僕は「ヤッター！」と心の中で叫びました（実は、判決日が近づくにつれて、不安な気持ちが高まってきていました。前夜は、準備を全部終えてお酒も少し飲みましたが、いろいろ考えているとなかなか寝付けませんでした）。

その後、傍聴に駆けつけてくれた六〇名くらいの方、一人一人から「お祝い」の声を口々にかけてもらい、喜びが徐々にこみ上げてきて涙が止まりませんでした。こんなうれしいことは僕のこれまでの人生の中でそう何回もあることではありません。

僕は、この勝利判決は決して自分一人の力によるものではなく、全国の障害者や地域の労働者の心底からの支え、また、弁護団の手弁当での「仲間」としてのがんばりの力によって初めて勝ち取られた「戦果」だと思います。そして、障害者運動の長年の積み重ねの上に勝ち取った判決だと思います。ですから、僕はこの喜びを、そのような多くのひとびとといっしょにかみしめたいと思います。皆さまに勝訴という最上の「お礼」ができて本当にうれしいです。

ところで、判決後の大田区のプレス発表の中で「例外的事例」と言っていましたが、私は全国の障害者のために闘ってきたのです。要綱をこのまま続けようとしているのもおかしいです。大田区は障害者の生活のことをわかってないのです。僕はこれからも要綱を撤廃させ、大田区の障害者に対する姿勢を根本的に改めさせるための話し合いを続けていきたいと思います。

僕は今回の裁判闘争を振り返って、やはり障害者自身がはっきりと社会に対して主張することが大切だと思いました。そうでないと世の中は変わりません。

これからも、さらに地域――全国の障害者の仲間、労働組合や市民の仲間と結びついていきたいと思います。本当にありがとうございました。これまでは支援されることばかりでしたが、これからは身体の許す限り、どんどん障害者や労働者の闘いを支援していきたいと思います。今後ともよろしくお願いします。

## 第二次訴訟判決後のこと

あと、書いておかなければならないことがある。二〇一〇年八月一二日、大田区は遡及的復活の支給決定を行った。現在の支給決定はもちろん、過去に関しても遡及的復活がなされ、削減された移動介護は全時間数復活された。さらに、僕たちは遡及決定分の「不利益分回復」も認めさせた。

今までの慣例に従えば、現在の支給決定について訴えが認められることはあったんだけど、過去の支給に遡ってそれを回復せよという話はほとんどなかったらしい（僕は調べてないので断言はできないけど）。それが今回認められたんだ。もちろん、大田区が自ら進んで行ったわけではない。判決を受けて「とりもどす会」のみんな（特に安藤さん）が粘り強く大田区と交渉してくれた成果だ。

僕たちは大田区に対して、区としての謝罪と区長との話し合いを求めたが、区長面談は実現せず、大田区は「判決には従うが、謝罪はしない」と言ってのけた。ひどいなと思う。「要綱」作成当時の課長、係長、担当者は、「判決に則り、信頼関係の構築に向けて努力してまいりますので、どうぞよろしくお願いします」と三人そろって頭を深々と下げて謝ってくれたんだけどね。

ここで、当時の気持ちをみんなに伝えるため、介助者とのやり取りを載せよう。第二次訴訟の報告集をつくるため、介助者（津川勤さん）が僕にインタビューをしてくれたんだ。いっしょに酒を飲みながら話していたので、変なところもあるかもしれない（ちなみに津川さんは酒好きの酔っ払いおじさんだ。介助中、いっしょに酒を飲んであっちが先につぶれて困った覚えがある）。だけど当時の僕の率直な気持ちだ。

津川　七月に裁判に勝ったけど、最初に判決を聞いたときどう思った？　率直なところ。
鈴木　うれしかった。
津川　横で見てて涙が見えたけど、鈴木さん、泣いてたんじゃないの？
鈴木　本当に勝てたのかなって。
津川　前の日は、勝てると思ってた？　負けると思ってた？　どっち？
鈴木　勝てると思ってたけど、わかんなかった。
津川　だいたい何割ぐらい勝つと思ってたのかな？
鈴木　八割ぐらい。
津川　え?!　八割も勝つと思ってたの！
鈴木　うん。
津川　でも弁護士さんは五分五分って言ってたんだよ。
鈴木　そう五分五分。でも勝てるって思ってた。

津川　勝つと思った理由は？

鈴木　やれることはやってきたし、そう思ってた。

津川　僕も傍聴に行ってたけど、裁判長は鈴木さんとか弁護士の話をちゃんと理解してると思ってた？

鈴木　はじめは理解はしてなかったと思うけど、いろいろ調べてから判決を出したから。短かったら勝てなかった。

津川　長い時間かけてくれたからわかってくれると思ってたの？

鈴木　本当は、三年かかるって弁護士は言ってたよ。

津川　え！　三年かかるって言ってたの!!　でも一年半だったじゃん。

鈴木　三か月待ったから（結審までの間）、それがよかった。

津川　パフォーマンスじゃなくて涙が自然に流れてきたの？

鈴木　うん。

津川　五〇人から六〇人傍聴に来てくれたひとにはどう思った？

鈴木　応援してくれたひとに、やっぱり感謝の気持ち…。

津川　みんなによかったと声をかけられてたね。人生の中で何番目にうれしかった？

鈴木　やっぱり一番目。

津川　一番うれしかった？

鈴木　うれしかった。

津川　この裁判を始めるときに、負ける可能性が高いからやらないほうがいいっていう意見があったけど、あくまで鈴木さんがやりたいって言って始まったっていうことだよね。

鈴木　なんか勝てると、自分から今度の裁判は勝てると思ってたから。前の裁判はおかしいと。

津川　おかしいっていうのは、第一次訴訟で形としては負けたわけでしょ。それがおかしいってこと？　それに決着をつけたかったの？

鈴木　うん。

津川　そのとき、藤岡弁護士さんや「とりもどす会」にはどういうふうに言ったの？

鈴木　どうしてもやりたかった。「それは当たり前な障害者の権利だと思う」と言った。

津川　いままでもいろいろなひとから支援してもらったと思うんだけど、今後どのようにして支援してくれたひとたちにお礼していきたいの？

鈴木　やっぱり支援してくれたひとのやっている運動を応援したい。それと僕を支援してくれたひとは全国にいるから、全国で闘っているひとのためにも応援したい。

津川　僕も鈴木さんの介助に入って、いろいろ支援のひととも会った。でも、鈴木さんが忙しいということもあるけど、支援してくれてるひとたちの集まりには、あまり顔を出してないいんじゃないいの？

鈴木　これからはできる限り行く。これからは、支援される立場でなくて、支援するほうになりたい。

津川　いま、健康面や体調はどうなの？　判決以降。

鈴木　今は健康。介助者がちゃんと健康管理してくれてるから。

津川　大田区が判決の後にプレス発表したけど、あのプレス発表はどうだった？　次の日、鈴木さんが記者会見をしたよね。

鈴木　大田区は言いわけばっかりで、障害者の生活がわかってないと思った。全国の障害者もそう思ったと…。

津川　鈴木さんはずっとそう言ってきたけど、今回の裁判は自分ひとりだけの問題ではなく、全国の障害者の問題なんだと。きれいごとではなく本音かな？　きれいごとじゃないと思うから聞くんだけど。

鈴木　困ってる障害者がたくさんいるのに、きれいごとなんか言えないよ。みんな身近に感じてると思ってるよ。

津川　これから大田区に対してはどんな取り組みをしていくつもり？

鈴木　大田区とは、以前から「話し合いで解決しよう」と言ってきたのに、拒否されたこともあった。でも、こちら側はその姿勢は変わらない。話し合いで解決したいと思ってる。

津川　この前の交渉で、区長や副区長は会わないと拒否したけど。

鈴木　僕はぜったいに会うよ。

津川　区長、副区長面会を求めるということ？
鈴木　そう。
津川　もし区長、副区長に会ったとしたら、何と言うの？
鈴木　いままでのことも、これからのこともありのままにぶつける。共感するひとたちは全国にたくさんいるし、そのひとたちといっしょにやってるという思いで、これからも頑張る。

けっきょく、区長、副区長には会えなかったけれど、このときの気持ち、うれしさは忘れない。とても長い闘いだった。ここでは簡単に書いたけど、すごく苦労したし、周りのひとにも苦労をかけたと思う。どれだけ地を這うような地道な運動をやってもらったことか！

ここに至るまで本当にいろんなことがあった。僕たちは、話し合いで解決できることは解決しなくちゃいけないという基本姿勢で、この問題に取り組んでいた。だから、何かあるたびに、大田区との行政交渉を設定してきたし、それを意味あるものにするためにも、いろんな障害者団体との連絡を取り、連帯してきた。また、マスコミや報道に対しても、何が起こっているのかをていねいに説明したし、区議会・区議へも同じことを行った。何度も何度も行った。気の遠くなるようなことだ。もちろん僕一人でそれをやれたわけじゃない。それじゃ、スーパーマンだ。僕が裁判に専念できるよう、むしろ、そうした地道な作業は「とりもどす会」を中心とした支援者のみんなが担ってくれた。

それだって簡単なことじゃなかった。支援してくれるひとが集まってくれたのはとてもありがたいけど、ひとが集まるということは、いろんなことが起きるということでもある。「とりもどす会」をそのたびに設定し、開催していろんな意見を集約し、方向を決めるのには気が遠くなるような努力がいる。ときには、ちょっとしたことで、とんでもない軋轢《あつれき》が生まれたりもするからだ。そこをなんとか苦労しながら、一つ一つていねいに積み重ねなくちゃならないんだ。ここには書けないようなこともあった。「とりもどす会」の運営を担ってくれた安藤さんは、特にそうしたややこしい調整役をやってくれた。彼女にはいくら感謝してもしきれない。この場を借りて、弁護士の藤岡さんと安藤さんには改めてお礼を言いたい。本当にありがとう!!

## 「ゆにてぃ」解散

裁判に勝ってうれしかったのもつかのま、僕には重い問題がやってきた。坂口さん問題だ。正確にいうと、裁判の判決が出る三か月前くらいから、僕は坂口さんの問題に悩んでいた。

坂口さんの横暴さは頂点に達しつつあった。「ゆにてぃ」のことに、僕の意見がまったく反映されなくなった。じゃあ、介助者の意見が反映されるかというと、そうでもない。介助者が会議に出席しても、彼らの意見は反映されない。利用者である僕との話し合いでもなく、介助者間での話し合いでもない。坂口さんの発案とそれに都合のいい話に終始している。話し合いなどあったものじゃない。会議とは名ばかりの不毛な状態が続いていた。

また、彼に近い介助者についての問題もあった。その介助者は僕に暴力を振るったことがある。虐待というほどのものではないけれど。彼は酒乱だった。酒をいっしょに飲むと裸で外に出ていこうとしたり、記憶をなくして大声で暴れたりした。そのとき僕を殴ったんだ。悪いひとではないけど、介助者としては問題なので、改めてほしいと会議で問題提起した。でも、坂口さんは会議でそれをとがめることもなく、謝罪の言葉さえ促さず、擁護し、その問題を放置したままだった。

さらに、坂口さんの嘘と暴力があった。彼は介助者が辞めた原因など、自分の都合が悪くなるとつねに僕のせいにした。僕は、介助者に自分の口から辞めてくれなどと一度も言ったことがない。それを坂口さんは、僕の暴力で介助者は辞めていくのだと残った介助者や知り合いに触れ回った。僕が坂口さんにその嘘を指摘すると、脅迫めいた口調で、「(俺と○○の言うこと)どっちを取るのか」という具合に迫るのだった。限界だった。うつ状態になった。

当時、介助者会議に出たひとの話だと、会議はひどい状態だったという。参加者全員が疲弊するような長時間(三〜五時間)の会議が持たれ、しかも、うつになっている僕を、ときに坂口さんが罵倒していたらしい(僕自身はよく覚えていない)。また、坂口さんは僕のうつ状態を揶揄《やゆ》するようなこともしていたらしい。そのひとが「それはひどいんじゃないか」と指摘すると、坂口さんはこう答えたらしい。「本人の性格の問題だ」と。また覚えていないけど、坂口さんに対して「自分になじんでいる介助者を、遅刻などちょっとしたことで解雇に追い込まないでほしい」と僕は懇願していたらしい。坂口さんは「自分から辞めさせたことはなく、あくまでも介助者本人の都合での退職である」と言っていたとのことだった。今聞くと本当にひどい。

彼は「とりもどす会」と「ゆにてぃ」との双方に顔を出していたが、素知らぬ顔をしながら、「ゆにてぃ」で「とりもどす会」の悪口を言っていた。そのため、「とりもどす会」の運営に関わっていた安藤さんと大口論にまで発展していたらしい。もちろん、そんなことでは彼は変わることなく、同じままだったらしい。僕と同じように、この状況に耐えられなくなった幾人かの介助者たちと相談し、最終的に彼と袂《たもと》を分かつしかないと思った。そして、九月五日に特別会議をもつと彼に伝え、その日、次のような決別宣言文を読み上げた。

宣言文

一．坂口さんとは今後もう、僕の介助や運動をいっしょにやっていくことはできません。

二．これまで長年、坂口さんの言動で僕や介助者が嫌な思いをしてきました。もう我慢できません。坂口さんは弱いひとの立場ではなく、弱いひとをばかにする強いひとの立場に立っていると思います。

三．もう自分の気持ちにウソをついて坂口さんとつきあいたくないです。坂口さんにびくびくして生活するのはもういやになりました。このままだと僕の心はつぶれると思います。

四．これからあと何年生きられるかわかりませんが、自分の自立は、自分の判断でやりたいと思います。これが当たり前な生き方です。

二〇一〇年九月五日

鈴木　敬治

坂口さんは納得しなかったけど、僕は別れるしかないと思っていた。とりあえず一〇月下旬に再度会議をもち、今後のことを決めるという結論になった。でもやっぱりいっしょにやっていけないと思い、彼がうちに来て話そうとしても、決して彼と会わなかった。

そして一〇月一日、僕は介助者たちとともに「ゆにてぃ」を出ることにした。これで「ゆにてぃ」の利用者は誰もいなくなった。そしたら、坂口さんは自分に近い介助者たちとともに「労働組合」を立ち上げて交渉を申し入れてきた。とはいえ、実際に安藤さんがその介助者たちと話したとき、彼らは「名前を貸しただけで（内容は）よくわからない」と言っていたらしいから、でっち上げの「労働組合」だった。それで「労働条件の改善」と称して「経営権を渡せ」と言い始めた。僕はうつ状態が続いていたので、はっきりは覚えていないけど、当時の代表と監査役や安藤さんが坂口さんたちと何回か交渉をもってくれたと思う。そのなかで僕たちは、そんなふうに「事業所」を利用されたらたまらないし、僕が抜けた後、ほかの当事者が入ったら、そのひとが犠牲になると思った。それで、「ゆにてぃ」を解散することにした。一つの法人をたたむのだから、ややこしくていやだったけど、やるほかないとみんな思ったんだ（特に代表と監査役を引き受けてくれたひとが、めんどうなことを担って動いてくれて、とても助かった）。

改めて言うけども、「ゆにてぃ」は僕にとって必要不可欠なところだった。その中心となった人物は坂口さんで、僕のかかえている運動に関しても大きな協力をしてくれていた。介助はもちろんのこと、僕のかかえている運動に関しても大きな協力をしてくれていた。その中心となった人物は坂口さんであり、彼が運営から介助者のスケジュールを管理し、僕の運動面に関しても意見を言っていた。だから、僕にとって「ゆにてぃ」＝坂口さんといってもおかしくはなかった。僕はかつて坂口さんを、頭も良く、やさしく、障害者の社会的な立場も熟知しているように思え、頼もしく思っていた。だから、どんなことが起きてもこと細かに伝えていたし、彼にこれをやれと言われれば、僕は介助者に憎まれながらもやっていた。それは介助者からは、どう見ても坂口さんの崇拝者のように思われたかもしれない。介助者から責められるのなら仕方のないことだと思う。批判は受けるつもりだ。そして、みんなには自分の洞察力のない様子を反省し、謝罪を含めて、今後、坂口さんのような人物を誤解することなく、身を引きしめて生きていくことを伝えていきたいと思う。

## 介護事業所「スズガモ」設立

僕は、僕の考えていた理想「ともに生きる」を実現するために、介護事業所をつくったつもりだった。障害当事者の自立生活を支えながら、介助者は介助者で自分の生活をつくっていく。でも、これは失敗した。人任せでけっきょく一人のひとに権限が集中してしまい、恣意的な管理・運営に陥ってしまうような体制ではダメなんだということがわかったんだ。その原因の一つには僕自身の弱さがあった。とはいえ、それであきらめるわけにはいかない。もう一度、挑戦したい。

そのためには、いろいろ反省しなければならないし、その反省を踏まえて、実際に失敗を避けるために、仕組みもきちんと考えなければいけない。まず、徹底的に上下関係はなくさなきゃいけない。これは利用者と介助者の関係においてもそうだし、介助者と介助者との関係においてもそうだ。仕事というと、どうしても上下関係が出てきてしまいがちだけど、要は一人の人間と人間の関係なんだから、そこを基本にしないといけないと思う。でもどうすればいいのか？

自分ひとりで考えてもまったく答えが見つからなかった。さらにこの時期、僕はずっとうつを引きずっていて、ややこしいことをうまく考えられずにいた。でも介助はやってもらわなければならないので「全国ホームヘルパー広域自薦登録協会（略称：全国広域協会）」を利用していた（＊31）。そのあいだ、「とりもどす会」の安藤さんや、僕についてきてくれた介助者たちといっしょに、どんな事業所がいいのかとみんなで一生懸命に考えていた。まず、坂口さんが辞めさせた（結果的に僕も辞め

＊31　「全国ホームヘルパー広域自薦登録協会（略称：全国広域協会）」（http://www.kaigoseido.net/ko_iki/index.shtml）とは、障害当事者が自薦ヘルパーを利用できるように、いろいろな障害者団体関係者が集まって非営利団体として立ち上げたところだ。当事者と介助者がいっしょに登録すれば、事業所の事情に左右されることなく、当事者と介助者はすでに築き上げた関係をそのまま維持できる。

させるのに加担した）ひとたちに「いっしょにやりませんか」と声をかけることになった。そして、そのひとたちと話し合いを重ねた。

　その経過のなかで浮かび上がってきたのは、何かあっても、決めつけてひとを責めずに、ちゃんと話し合うことがとても重要だということだった。もちろん僕も人間だから、好き嫌いとか、介助のうまい下手とか、そういうのでひとを責めるときがある。「ゆにてぃ」では、それを利用されて変なふうになった。だから、きちんと相手の言い分を聞く、あるいは、聞く努力をして相手が話す場所をつくる、そういうことをやらなければいけないということをみんなで確認した。

　また、事業所をつくるとなると、形だけでも代表がいる必要がある。でも「代表」を置くと、そのひとが権力者になっちゃうかもしれない。みんなでそこを議論した。これまでの流れからすると、安藤さんに代表をやってもらうのがいちばんいいのかもしれないけど、それだと、(可能性はないけど)安藤さんが変なふうになったらまた同じことが起こるかもしれないという意見も出てきたし、本人が固辞した。むしろ、何かを決めるときは、みんなで話し合って決めることを徹底してやれるようにしよう、ということになった。集まってくれたひとたちと幾度も話し合い、代表は形式的に置くけれども、それは持ち回りにしていこうということを決めた。実際、現在の代表は、事務作業を真面目にきちんとやってくれて助かっている。さらに、事業所をつくるとき、元手となるお金が必要となってくるが、誰かがそれを出すのではなく、「ゆにてぃ」を設立したときの資金の一部戻り金と協力してくれるひとからお金を借りることにした。そして、やっていくなかでみんなで返済していった。というのも、やはり一人のひとに権力を集中させるのを避けるためだ。お金を出すと、どうしてもそのひとの力が大きくなるからだ。あと、もめごとがあったら、当事者同士が話し合い、それでも解決しなければ、事業所のなかで場所をつくり、丁寧に話すことを心がけた。障害者の問題でもそうだけど、当事者抜きにものを決めるのはやめようと確認した。

付け加えると、事業所全体で得た介助報酬は、いざというときに必要なストック分を除き、利用者へのサービス提供と介助者の時給に極力配分することに決めた。当然利用者にも介助者にも、生活があるからだ。利用者の要望になるべく応え、かつ、きちんと働く介助者にちゃんと生活できるだけのお金を保障しなければいけない、とみんなで話し合った。いわゆる「中間マージン」などは排し、事業所にはぎりぎりのお金を残すだけにして残りはきちんと配分する、と。その意見を聞いたとき、僕は、それはそうだなと納得した。

僕がよく見たり、聞いたりする福祉関係の法人でひどいところがあった。元学校の先生が知的障害者相手の塾と事業所をやっていた。外から見れば立派な感じだったので、僕もひとに勧めたりしていた。しかし、実際は中で働いているひとに話を聞くと無茶苦茶だったらしい（僕の介助者がそこでアルバイトをしていたので聞くことができた）。ひどく安い時給で、仕事以外のこともやらせたりしていた。しまいには、使うだけ使っておいて「おまえは力不足だ！」と簡単にひとをクビにしていた。周りのひとにはいばっていたらしい。辞めさせられたひとが労働組合に入って団交し、なんとか必要なことがらを勝ち取っていた。そのひとはいつのまにか別のところに行ってしまい、今はほかのところで働いているらしい。そうしたトラブルは避けなくちゃいけないと思った。そのためには、当事者にとっていい事業所である必要もあるけど、介助者にとってもいい事業所である必要がある。このようにして紆余曲折の議論を経て、みんなで介護事業所「スズガモ」をつくった。以下、スズガモ設立後、第一回の総会議事次第からの抜粋を参考までに（毎年一回の総会で共同討論による年度方針確定）。

◇スズガモの運営と実践について

1．基本的な確認

1）役割分担と情報公開・共有

・役割は原則固定化せず、運営・財政に関わる情報は事業所内公開・共有を基本とする。

・利用者、介助者間、介助をめぐって起きた問題は、介助者会議・総会で提起・共有し、解決・決定する。

2）共同作業と共同決定

・役割分担については個々の事情を踏まえつつ、できる限り共同作業として全体で担う。

・介助支給量の位置づけと分配・運用については、事業所の趣旨・目的を踏まえて介助者会議で協議し、最終的には総会で提案・決定する。

◇今後の方向性

1．事業所の位置づけと役割について

1）地域で自立生活をおくる（おくろうとする）障害者の介助体制を支援・サポートする。

2）地域の障害者の結びつきを強め、活動の輪を広げるための支援・サポートをする。

3）障害者の自立生活や地域活動にとって阻害となる動きや政策に対しては、利用者を支援するとともに事業所として変革や行政への交渉を求めていく。

4）1）2）3）の実現に向けて、事業所の運営を持続・拡大する。

二〇一一年五月のことだ。もちろん現実は理想通りにはいかない。やっていくうちにいろんな問題が起こってくる。それをちゃんと書いていこうと思う。

## 闘いのバトン

裁判を終え、「ゆにてぃ」を解散し、「スズガモ」を設立するまでのあいだ、疲れていたので、僕はゆっくり生活していた。息抜きがてら、いろんなところに顔を出していた。障害者運動の集まり、地域の集まりなどなど。裁判をしたことによって、よくも悪くも扱いが変わるのかなと思っていた。持ち上げられるのならイヤだし、裁判をやった面倒な奴だと思われるのもイヤだった。どう変わるのか心配だった。でもあんまり変わらなかった。ほっとした。

それで喜んでいたら、けっきょくのところ、裁判の趣旨が支援者以外にはあまり伝わっていないこともわかった。落ち込んだ。僕は昔から短気だと思われていたので、その延長線で裁判を起こしたかのように思っているひともいた。自分のためだけじゃなくて、みんなのために頑張ったつもりだったのに…。

そうこうしているうちに、僕が所属している「交通行動東京実行委員会」から、ある裁判が起きているよと教えてもらった。それは、二〇一〇年に起きたJR東海のハンドル型電動車いす乗車拒否をめぐる裁判だ。福田さん（仮名）がハンドル型電動車いすで新幹線に乗ろうとしたら拒否された。怒った福田さんが、引き返すためにエレベーターに乗ろうとしたら、駅員が立ちふさがり、ちょっとぶつかってしまった。その駅員は治療の必要もない程度のケガをしたらしい。それをJR東海は誇張して、福田さんに損害賠償を求めてきた。ひどくおかしな裁判だった。こんなヤクザみたいなやり方は許せないと思い、仲間みんなで傍聴に行った。僕も何回か傍聴に行った。

二〇一〇年一一月の裁判のとき、僕は少し遅れて着いたんだ。満員だったので外で待っていたら、車いすのひとと介助者が法廷から外に出てこようとしていた。入れ替わりに僕が中に入ろうとすると、その車いすのひとは僕にこう言った。「私は帰らなくちゃならないけど、私の代わりにあなたがこの裁判を見届けてください」。よく見たら、「青い芝」の横田弘さんだった（以前に二回ほど見ていたのでわかった）。そんな深い意味はないと思うけど、僕としては、当時落ち込んでいたので「頑張れよ！」と言ってもらったような気がした。彼は、これからの障害者運動のことを考えていたのではないかと思ったんだ。うれしかった。勝手な思い込みかもしれないけど、バトンを受け取ったような気がした。

## 障害者がおかれている現状

とはいえ、すぐにできることは限られている。どう闘っていこうかと考えているうちに、二〇一一年三月一一日、東日本大震災が起こった。僕はまずできることをと思い、介助者や地域の仲間たちといっしょに駅頭カンパ活動を始めた。以前にも書いたように、神戸の震災でやったことがあり、やり方がわかっていたからだ。

共生共走マラソンや南部労組などの地域の仲間たちともに、震災直後に福島や岩手のひとたちに安否確認を行い、生の声を聴いた。そして、その声を伝えながら、月一回くらいのペースでＪＲの蒲田や大井町駅頭でカンパを訴え、ビラまきをした。

しばらくしてそれなりに集まったところで、福島の仲間に、交流も兼ねて直接カンパを届けることにした（僕の裁判に来てくれたひとたちもたくさんいたので）。行く前に様子を聞いてみると、なんと「被災時の避難のために介護量が決定分よりオーバーし、それを市に請求したところ支給を拒否された」ひとがいることがわかった。ひどい話だ。さらに、現地では四苦八苦しながら、それに対する取り組みを進めていることもわかった。とりあえず現地を訪問して相談をすることにした。

震災から五か月後の福島は、だいぶ復旧していた。建物などはまあまあ大丈夫そうだった。海辺のほうへは行ってないけれど、内陸部は大丈夫だった。ただし、屋根瓦にはブルーシートがかかっていた。道路は危ないところはなく、阪神・淡路大震災よりも早く復旧できそうに見えた。

まず、郡山市の「ＪＤＦ（日本障害フォーラム）被災地障がい者支援センターふくしま」に行き、現状を聞いた。そこでは、白石清春さんが障害者のまとめ役をし、いろんな障害者団体が一丸となって、この困難な状況と闘っていることがわかった。

翌日、田村市の「ケアステーションゆうとぴあ」に行き、給付時間の延長が認められなかった件について話を聞いた。同じ被災地であるいわき市では、避難に関わる給付を一〇〇時間ほど出しているのに、田村市は障害者の言い分を聞かず、給付をしていなかった。聞いた話では、震災発生当日から二週間ほどは、ガソリン等物資の不足で介助者が来られない状況もあったという。

その当事者のひとは、緊急避難の際の介護時間超過分について介護支給量の変更申請をしようと考え、市の介護福祉係に相談をしたが、返事は「変更申請は事前に行うべきものであり、…さかのぼってできない」というひどいものだった。さらに、それでも緊急の場合なので何とかならないかと窓口に直接相談に行ったときも、拒否されたうえ、「変更申請書をカウンターに置いていったらどうなりますか？」とたずねると、「そのままにしておきます」「今は暑いので窓を開けていますから、風が吹いてきて、どこかに飛んでいくかもしれませんね」と、とんでもない答えが返ってきたそうだ。怒りしか湧いてこない。

ちょうど僕が行った前日に、そのひとは支援者に支えられながら、県庁に不服審査請求を申し立てに行ったということだった（結果、二〇一一年一二月二八日、福島県より田村市の決定を退ける通知があり、このひとの主張が認められた。当たり前だけどね）。僕も何かできないかと思い、東京でも呼びかけの取り組みを行うことにした。田村市への抗議文をつくって送ること、さらに、僕の住んでいる大田区議会に「被災時の障害者施策に関する要望」（災害計画に障害者への対応をきちんと盛り込んでほしいというもの）の陳情も行った。

このように、闘うといっても障害者のおかれている現状は厳しいし、僕一人でやれることにも限界がある。でも、障害者やその支援者が一丸となって、政府、自治体に任せるのではなく、団結して行動を起こし、自らの声を発していかなければならない。そうしなければ、また同じ目に遭ってしまうと思う。僕らは全国の障害者に呼び掛け、大きな力をもって、困難な状況のなかで闘わなければいけない。

## 友だち

ここまで僕を助けてくれた友だちはたくさんいる。一人一人書きたいところだけど、そうはいかないだろうから、二人だけここで書いておきたい。

一人は北村小夜さんだ（＊32）。知っているひとは知っていると思うけど、彼女は知的障害者とか学校問題とかに、若いときから真剣に取り組み、今も取り組んでくれている。今でいう「インクルーシヴ」運動の草分けのようなひとだ。障害者を隔離してしまう世の中と、ずっと闘ってきたひとだ。

僕はこのひとを尊敬している。なぜかっていうと、本当の支援者だと思うからだ。こういった教育問題に関心をもつひとはたくさんいるし、自分で専門家だといっているひともたくさんいる。だけど彼女のように、当事者の声に耳を傾け、ちゃんと聞いてくれるひとは少ない。ちゃんと聞いてくれる代わりに、当事者にも遠慮なくものを言う。

僕は三一歳のときから彼女を知っているし、自分が働いていた作業所に来てもらい、パネルディスカッションの一人を務めてもらったこともある。そのなかで何度もケンカした。それができるのは彼女がちゃんと話を聞いてくれるからだ。彼女の魅力はそれだと思っている。本当に障害者とともに生きているひとだと思う。

僕と彼女は、私生活において親しいわけじゃない（というか、私生活の部分はまったく知らない）。でも、若いときに始まって、僕の裁判中も、重要なときには必ず支援に来てくれる。彼女は昔から名前が知られていた。僕は、友だちからは嫌味半分に「北村さんはすごいひとだから、おまえは会えないよ」と馬鹿にされた。でも、裁判のとき、あんまりつきあいがなかったにもかかわらず、ちゃんと来てくれた。友だちはそれにびっくりしていた。本当につらいひとの味方になってくれる。自由闊達に弱いひとの味方をしてくれるひとだ。

もう一人は松山毅さんだ。彼は西大井(品川区)でクリニックを開いているお医者さんだ。僕の主治医でもあるんだけど、それだけじゃなく、大事な友だちだ。彼とのつきあいは、一九九七年の四五歳から始まった。そのとき僕は「なまずの家」に関わっていた。そこのひとが具合が悪くなったので、

医師としての松山先生

ミュージシャン「Dr.SUSHI」こと松山さん

＊32 北村小夜さんは、現在九六歳、一九二五年、治安維持法制定の年に生まれた。天皇のために死んで靖国に祀られるため看護婦の道を選び、敗戦は満州で迎え、めぐり合わせで八路軍と行動をともにした。その一年の間に、自分の考えは間違っていたと気づく。日本に帰国後は、教師になり「特殊学級」(当時)の担任をし、さまざまな体験のなかで発言し行動している。子どもを分けてはいけないことに気づき、ともにまなぶ地域の学校づくりをめざしてきた(以上、梨の木舎ホームページ(https://nashinokisha.theshop.jp/items/27994013)を著者が修正して作成)。最新の著作は『慈愛による差別　象徴天皇制・教育勅語・パラリンピック　新装増補版(教科書に書かれなかった戦争　PART 70)』(梨の木舎、二〇二〇年)。

近くのお医者さんに診せに行った。その先生が松山さんだった。彼はレゲエが趣味で自分でも演奏していた。僕はそのライヴを見に行った。そこから彼は「なまずの家」と「共生共走マラソン」に関わってくれるようになった。松山さんはお医者さんなのに、えらそうにしない（僕の介助者の一人も松山さんの友だちで、なんでかわからないけど、一時期、松山さんの家に居候していたらしい）。僕の主治医なのでクリニックに行けば「松山先生」と呼ぶけど、外で会うときは友だちとして「松山さん」と呼ぶことにしている。向こうも「わかったよ」と言ってくれる。

知り合って七年後くらいのときに、僕は介助者に勧められて松山さんにかかることにした。それまで僕は高血圧で、上は一八〇くらいあって病院に通っていた。でも松山さんのところに行きはじめたら、一二〇くらいに下がった。前のままだったら、すでにもう僕は死んでいただろう。その意味で命の恩人だ。もちろん裁判のときも、表には出なかったけど、陰で僕を支えてくれていた。かけがえのない友だちだ。

## 「スズガモ」のなかで起きてくる問題（1）

「ともに生きる」という理想を実現するために、もう一度、みんなで介護事業所をつくった。それが「スズガモ」だ。でも、やっぱり問題は出てくる。

まず、いいことだけど、僕以外の利用者ができる。設立して一、二年の間に四人くらいに増えた。

いろんなひとたちが入ってくると、いろんな考え方が出てきて、それはそれで面白い。けど、その分、問題は大きくなる。解決がしにくくなる。それぞれの利用者を中心に派閥みたいなものができ始め、設立当時の気持ちが忘れられていくし、入ってくる利用者・介助者もその気持ちを知らないひとが出てくる。なかなか難しい。

また、できるだけ上下関係をなくそうとすると、今度はそれぞれの欲望が強くなって出てくる。無責任にもなる。解決は、話し合いをどれだけやっていくのかということに、すべてかかってくるんだけど、なかなかうまくはいかない。そのとき、そのときのことは考えるけど、未来のことを考えづらくなる。

介助者の給料が低いことはよく知られている。家族や子どもをかかえていれば、当然お金が欲しくなるのはわかる。しかし、お金をめぐって変な騒動が起こることがある。こういうことがあった。スズガモを設立して五年たったあたりのことだ。

何人かの介助者が事業所を大きくしようという気持ちになり、そうした方向を強く主張し始めた。スズガモは実質的に重度訪問介護専門の事業所だったんだけど、居宅介護や移送サービス、介護保険のサービスなどなど、いろいろな事業をやれるよう動き始めた。もちろん、そのこと自体は取り立てて悪いことではないし、きちんと展開できるのなら、それはそれでいいことだと思う。

けど、話を聞いていると、どうも、当事者の支援を状況に合わせてやりたいからというよりも、むしろ、重度訪問と比べて単価が高いという単純な理由や、事業所拡大・運営に力を入れたかったらしいことがわかってきた（事業を拡張すれば自分の給料が高くなるはずだと主張していた。実際に事業所として展開することを考えれば、いろんな手間がかかり、そんなに期待したようには儲からないような気がするけど）。さらに、そのとき、みんなで丁寧に話し合って決めようとするのではなくて、一方的に自分たちの意見を通そうとしてきた。そして、その主張に乗ってこない、ほかの仲間たちを役職から降ろそうという動きにも発展していった（僕も反対意見をもった理事だったので、解任するように働きかけられていた）。もちろん、彼らには彼らの言い分はあると思うけど、けっきょく、自分たちが都合のいい形で事業所を運営したいという気持ちが強く出ていたように見えた。

事業所でこのことを幾度も話し合った。その結果、居宅介護を積極的に展開するには時期尚早ということになった。重度の障害者の自立生活を支えるという、いちばん困難なところで頑張っている仲間の支援をまず優先したい、居宅介護はほかの事業所も多く扱っていて紹介することもできるし、ということになった。知っているひとが多いかどうかわからないけど、重度訪問介護は障害者運動がそれこそ命をかけて勝ち取ってきた制度だ（＊33）。繰り返すけど、他の制度が悪いわけじゃないけれども、重度訪問介護のなかに込められた気持ちはなくしちゃいけないし、きちんと守っていかなければならないと思う。僕たちはこう結論したんだ。

ところで、事業拡大をめざした介助者たちのなかには、設立当時の気持ちを知らないひともいたけど、「ゆにてぃ」のときから僕の介助をやってくれて、よく知っているはずのひともいた。僕個人にとってはこれがいちばんショックだった。彼は、僕が坂口さんに立ち向かった際にいっしょに闘ってくれたひとだ。それ以降、僕の主要な介助者としていっしょにやってきたひとだった。彼には家族がいて、家族のためにお金が必要なこと、でも年を重ねて身体が動かなくなってきて、仕事がつらくなっていたようだったことは、外から見てなんとなく推測がついた。そういうことを背景に、彼は事業拡張の方向を主張したのだとは思う。

けれど（ここからは僕の推測でしかないが）、それまで僕と彼が築き上げてきた当事者—介助者関係が、実はこのことに大きく影響している気がしている。事業所の方針をめぐる騒動の一年くらい前、僕と彼はケンカした。僕には僕なりの理由があったけど、突然爆発して「あなたに介助に入ってほしくない！」と言ってしまった。きちんと話をせずに言ってしまったので、彼は彼で怒った。そのこと自体は僕が悪かったと思うけど、それ以来関係がこじれた。僕自身反省したので何度も「戻ってほしい」とメールした。けれど彼は応えず、違う利用者の介助者として仕事をし始めた。

しばらくして彼は、後輩といっしょになって事業拡大に向けて動き始めた。彼は面倒見がいいひとだったので、新しく入ってきたひとを巻き込んでのことだった。なので、この問題の背景には、彼の僕に対する複雑な思いがあるのではないかと思っている。繰り返すが、彼からきちんと話を聞けていないので、これは僕の憶測だ。でもそう考えるのが僕にはしっくりくる。彼は表面上、お金を求めて

＊33 新田勲さん、三井絹子さんについて紹介した＊8のなかで言ったことだけど、重度訪問介護は障害者運動のなかで当事者の僕たちが厚生省（現・厚生労働省）との交渉の末、何とか勝ち取ってきた制度だ。

いたように見えたけど、僕に対する複雑な感情（「好き」と「嫌い」あるいは「憎い」）があり、ぐちゃぐちゃになってわからなくなっていたのではないかと思う。なぜこんなことを言うかといえば、僕自身がそうだったからだ。なんで彼はそういうことを言うんだと、当時は頭のなかがぐちゃぐちゃになっていた（正直に言うと、抗うつ剤を処方してもらって飲んだ）。当事者―介助者関係というのは、関わっているひとはよくわかっていると思うけど、どうしても複雑な思いが生じてくる。彼のことを好きなんだけども、憎いし、憎いけども好きだった。長いあいだ、いっしょに過ごしてきたんだから、当然といえば当然かもしれない。複雑な分だけ、それはとても繊細なものなんだ！

この騒動の後、彼はほかの当事者の介助にも入りづらくなり、けっきょくのところ、何も言わずに後味の悪い辞め方をしてしまった。僕は話し合うために、何度も彼に呼び掛けた。でも彼はそれに応じず、辞めるとも言わず辞めてしまった。

今でも、ずっと考える。どこかの時点でちゃんと腹を割って話せていれば、こうはならなかったはずだ。何年もいっしょにいたんだから、できないことはなかったはずだ。でも、彼は辞めてしまった。すごく残念だった。事業所の主要メンバーだったはずだ！　彼といっしょにもっといろんなことをやるはずだったんだ。

## 「スズガモ」のなかで起きてくる問題（2）

利用者も利用者でさまざまなひとがいる。小さな事業所なので、自分の知り合いで介助が必要なひとに僕は声をかけたりしていた。小さな事業所だと、野心をもって入るひともいる。こんなひとがいた。僕に「この事業所を継げ！」と言われたといって、代表になろうとしたひとがいた。本人としては社会的な地位が欲しかったんだろうと思う。認められたい気持ちはわかるけど、それだったらコツコツいろんなことを覚えてやらなくちゃいけない。それをすっ飛ばして、自分の都合で代表をやっているひとを引きずり落ろして、代表になりたいと言うんだ。けっきょく、そうはならなかった。ただそのひとはやはり認められたくて、いろんな問題を引き起こして辞めていった。

また、介助者にいばろうとするひともいた。介助者は介助をするひとで、子分でも家来でもない。そこはきちんと理解しないといけないと思う。そのひともけっきょく辞めていった。そこで、自分のことも含めて考えなくちゃいけないと思ったんだけど、障害者の自立生活というのは簡単なことじゃない。もちろん、ひとそれぞれの波がある。それを乗り越えないといけないと思うんだ。障害者は介助をされる分だけ、自分自身の自立が健常者よりもよけいに必要とされるんだ。障害者の「自立」は、何ができるかができないかって問題じゃない。むしろ自分が何ができて何ができないのかを知って、自分の足元をわかることだと思う。若いときには、それがわからなくて、歩けたときは生意気に「できる」とか「できない」とかにこだわって、障害者同士でケンカしたりしていた。でもあるとき、知り合いから「年を取ると、できなくなることがあるよ」と言われた。当時は意味がわからなかったけど、年を取るとわかる。自立っていうのは、自分を知ることだと思う。

だからといって、障害者だけが自立を求められるわけじゃない。介助者も自立を求められるんだ。介助者のなかには、いろんな事情があって介助という仕事にたどり着いたひとたちが多い。そのひとたちにとって介助は生活を成り立たせるための手段だ。でも、介助がそもそも何なのかを考えて、自分が何ができて何ができていないのかを知る必要がある。単にお金を稼ぐための手段だと考えているだけでは、けっきょく辞めざるを得なくなる。そのひとにとって介助が何なのか、介助者自身も考えないと、つまり、自立しないとやっていけない。

けっきょく、「ともに生きる」世界をつくるためには、障害者・健常者がそれぞれ自分と闘い、自立しなくちゃいけないんだ。

障害者関係の集まりに行くと、みんな障害をもって社会から邪魔にされ、苦しんでいるのに、なぜか、いつのまにかそのなかで、できるひととできないひとの区別が現れてくる。それはけっきょく、社会と同じことをやっているんだ。だとしたら、障害者・健常者に関係なく、「できる」「できない」の枠をぶっ壊さなきゃいけない。

そのことについてうまく言えないので、近くで僕が文句を言うと、「平等なんだから、しょうがないでしょう」と言われる。わかる気もするけど、なんか納得はできない。みんな同じように扱われれば、平等なのだろうか？　動けなくて、言葉もうまく使えないひとがいるとしたら、その弱いひとに合わせることも必要で、それが平等なんじゃないだろうか？　障害者でもいろんなひとがいるはずだ。簡単に「ともに生きる」と言うけど、そう簡単な話じゃない。弱いひとと一緒にともに生きること、それは私の夢だ。少なくとも身の回りから少しずつ変わらなければいけないことだと思っている。

## こころのバリアフリー

僕は一八歳のとき、酔っ払いと間違われて警察に捕まった。それが悔しくて新聞にそのことを投稿した。それ以来、世界が変わり、いろんなひとたちに出会い、仲間ができた。前にも書いたことだけど、そのなかで今でもすごく突き刺さってくる言葉がある。それは一九歳のときに八木下浩一さんから言われた「障害者はロボットじゃないよ」という言葉だ。八木下さんとはそんなに親しいわけではない、というか、まったく親しくなかった。一六年前にもう一度彼に会ったけど、彼は「会ったことは全然覚えていない」と言っていた。家まで二回ほど来たんだけどね。彼は二〇二〇年に亡くなった。

でもこの言葉は残っている。よく考えると、ホントのことだと思う。健常者の言うことばっかり聞くとよくないということだと思った。障害者は健常者に「かわいそう」と言われてよく同情される。それは、ちゃんとものを言わないロボットになっているからだ。僕はロボットじゃない。だから、ものをちゃんと言って、健常者であれ、障害者であれ、ケンカしなければいけない。僕は、かつて知的障害者を差別していた。殴られてそのことがやっとわかった。あっちも言わなきゃわからないし、こっちも言わなきゃわからなかった。だからケンカしなくちゃいけないんだ。なぜかっていうと、ケンカするためにはいっしょにやらなくちゃいけないからだ。いっしょにやるためにケンカするんだ。

二〇二二年の今、街に出れば（新型コロナで出づらいけど）、かなりバリアフリーになっている（以前に比べればだけどね。実際はまだまだバリアばかりだ）。でも「こころのバリア」は強く残っている。バリアを破んなくちゃいけない。これをそのままにしとくから、いろんな問題が生まれるんだ。

ついこの間、こんなことがあった。ある夜、足が痛くて救急車を呼んだ。救急を受け付けている病院に運ばれていき、検査をした。結果、「蜂窩織炎《ほうかしきえん》」という、細菌がからだに入って腫れる病気だった。最初、ベッドの空きがないということで、集中治療室に入れられた。集中治療室だったので介助をつけられないのはわかる。で、ベッドが空いたら一般病棟に移ることになっていた。ここで問題が起こった。病院側が、介助者が入ることを拒否するんだ。「新型コロナが…」とか理由をつけて（＊34）。

おかしいよ（＊35）。厚労省は「新型コロナ」にかかろうがかかるまいが、「支援区分６」の障害者に限ってだけど、病院での重度訪問介護の利用を認めている。僕はこれを何度も厚労省に確認してきた。それにもかかわらず、病院側は一方的に拒否してきた。厚労省「新型コロナ対策推進本部」発の事務連絡をはじめ、いろんな資料を見せてもＮＯ。理由はいつも「当院の方針ですので」。介助者のみんなもおかしいと思い、行政の担当のひとを連れて病院に行って、いっしょに交渉した。それでもダメだった。

僕が許しがたいと思ったのは、重度訪問介護の利用は制度上可能と介助者や行政の担当者が話しているだけなのに、「治療に大切なのは信頼関係ですから…、じゃあ、以前からかかっておられる病院に転院されますか」と、やっかい払いしようとしたことだ。実際、その後、すぐ「病状が安定してきたので退院」という話になった。僕がめんどうくさくなったので放り出したんだ。ひどい話だ。安静にするしかやることはないんだけど、体調がなかなかもどらず、しばらくつらかった。大田区は、病

---

＊34　これは「入院時介助の問題」といわれている。重度障害者にとって、介助者は手足であり、身体の一部だ。ところが、障害者が入院しなければいけないときに、病院側が「こちらで全部できます。病院は完全看護ですから」と、介助者が病院に入ることを拒否する場合がとても多かった。でも、「介助」と「看護」は違う。例えば、ナースコールを押せない重度障害者の代わりにボタンを押すのが「介助」だ。ナースに病室まで来てもらい、その障害者のからだの状態をよく知る者が無理のない体位変換を行って、点滴ができるようにする。このように「看護」を可能にするのが「介助」といえる。他方「看護」は、それ以降の処置を担当する。でも病院は往々にしてこの違いをわかってくれなかった。慣れた介助者がいないせいで、事情がわからないナースに体位変換を行われ、骨折したひともいる。これじゃだめだということで、いくつかの障害者団体が厚労省と交渉を重ねた末に、厚労省に次のような通知を出させた。『障害支援区分の『6』のひとに関しては、入院介助を認める』と。しかし、現実にはそれは行政や病院に周知されず、たびたび断られることがあった。

＊35　介助者を拒否することだけでもおかしいのだけど、おかしいことがもう一つあった。本題からはそれるのでここで書こうと思う。僕自身は集中治療室に入っていたので聞いていないけれど、介助者のひとが病院と交渉しているとき、病院から「延命措置を望みますか?」と繰り返し聞かれたらしい。介助者が「もちろん希望します」と答えたら、「それを確認できる書類はあるか?」としつこく言ってきたということだ。新型コロナに備えて、僕は自分の既往症や通院歴などを書いた「救急情報シート」を用意していたので、介助者がそれを見せてようやく納得したらしい。おそろしく変な話だ。僕は「治療の差し控えと中止」(いわゆる消極的安楽死)には反対だ。それは命の選別につながるからだ。でも、仮に百歩譲ってそれが「あり」だとしても、医療機関が「延命治療は不要」と本人が言った証拠を見せろと詰め寄るならわかるけど、「延命措置を希望する」ことに証拠を見せろというのは、まったく理解できない。新型コロナの状況下で、とてつもなく変なことが起こっているのかもしれない。

院で重度訪問介護を利用するに当たり「支援区分」を問わない独自のルールを設けているが（これは大変いいことだ！）、こんなんじゃ、それが活かされない。がっかりだ。

さらにもう一つ許しがたかったのは、介助者のみんなが病院側に「本人の意向は確認されているのですか？」とたずねたところ、「ええ、充分に意思疎通を図っていますよ！」と言い放ったことだ。コロナ禍だったので、搬送されて以後、僕は病院の職員以外とは会えなかった。病院職員は、医師も含めて、僕の言葉をちゃんと聞きとってはくれていなかったし、病状についても説明してくれていなかった。どんな病気だったのかは、後から介助者に聞いたんだ。いんちき病院、むかつく！　設備自体はとてもきれいでバリアフリーの病院だったけど、中身はバリアだらけだった。「こころのバリア」だ。

ひどい状況だったけど、他方で僕にとってはうれしいことが二つあった。一つは、行政の担当者のひとが頑張ってくれたことだ。僕の当時の担当者は、腰が低く、優しそうなひとだった。だけど優しい分だけ、（失礼ではあるけど）強くは言えなさそうに見えた（少なくとも僕はそう見ていたところがある）。けれど今回、病院との交渉では、彼は彼なりに頑張って病院に介助の必要性を強く言ってくれたそうだ。うれしかった。

うれしかったことのもう一つは、いろんな仲間が力を貸してくれたことだ。僕はそのとき「全国公的介護保障要求者組合」で書記長代行を務めていたのだけれど**（＊36）**、三井さんや木村英子さんをはじめ「要求者組合」の仲間たちが、行政（大田区・東京都・厚労省）にきちんと「入院時介助を認め

＊36 ここで「全国公的介護保障要求者組合」と僕との関わりを書いておこう。僕が最初に「要求者組合」に関わったのは、一九八四年に友だちの村田実さんの家に遊びに行ったときのことだ。彼は僕より重度の脳性マヒで、一九九二年に温泉で事故に遭い亡くなってしまった。著作に、村田実著・村田実遺稿集編集委員会編『ある「超特Q」障害者の記録──村田実遺稿集』（千書房、一九九九年）がある。

彼の家で、僕はカレーをご馳走になった。とてもおいしかった。介助者がつくったカレーなんだけど、村田さんが調理法を一つ一つ口頭で説明しながら、介助者がその通りにつくっていく！　本当においしかった。それはとてもかっこよく見えた。カレーを食べながら村田さんは、僕に「要求者組合に入れよ！」と言った。だから入ったんだ。

集まりに出てびっくりしたのは、一〇代の頃に出会った新田さんや三井さんがいたことだ。すごいところだと思った。だが、そこまで熱心には行かなかった。前に書いたように、創価学会の活動をしていたからね。三二歳のときだ。一人暮らしを始めて間もなかったので（アパート暮らしをして二年後だ）、遊びがてらに時々気の向いたときに行っていた。

「なまずの家」に行くようになって倉林さんと知り合うと、彼も行きたがったので、わりといっしょに行っていた。でもときどきだったから、やっぱり熱心とは言えなかったと思う。

転機は二〇〇四年の移動時間削減の問題が起きたときだ。交渉のときに「要求者組合」のみんなが来てくれた。僕はそれから裁判に取り組むことに精一杯で、なかなか活動には参加できなかったけど、要所要所で、みんなに報告はしていた。

僕が本格的に「要求者組合」で活動するようになったのは、二〇一七年以降のことだ。裁判も終わり、事業所をめぐる問題も一区切りついて少し余裕ができた。僕はそれまで何度か入院したけれど、「入院時介助」の問題にその都度苦労させられた。僕は「要求者組合」がその問題に関心をもっていたのを知っていたので、このことに積極的に取り組もうと思ったんだ。

二〇一九年に書記長の木村英子さんが、れいわ新選組から出馬して参議院議員になる。彼女が多忙になったため、僕は手伝いとして「書記長代理」になる。二〇二一年には「書記長」になり、いろんな交渉に取り組むことになる。えらそうな肩書がついたけど、参加しているひとたちはみなエネルギーにあふれたひとたちで、僕自身、とても勉強になる。

て！」と要請してくれた。もちろん、ほかで出会った仲間たちも心配してくれて、いろんなところで力を貸してくれた。本当にありがたかった。この二つは、僕にとって、「こころのバリア」は打ち破ることができるということを教えてくれたと思う（＊37）。

## 「六五歳問題」

「入院時介助の問題」とともに、「こころのバリア」を象徴するもう一つの問題に触れておきたい。それは「六五歳問題」だ。

「六五歳問題」とは何か？　障害者は、重度訪問介護などさまざまな障害福祉施策を利用して生活している。が、六五歳に達すると（介護保険法に指定された特定疾病患者については四〇歳から）、障害福祉施策は後回しになり、介護保険制度を優先して使うこととされている。国の責任において公的に保障する（公助）のではなく、共助の保険制度が適用される。

六五歳になるといきなり障害者ではなくなるとでもいうのか!?　悪い冗談だ。この結果、全国各地で多くの障害者が不利益をこうむっている。オーダーメイドの車いすを取り上げられ、身体に負担のかかるリース品を押しつけられた障害者もいれば、重度訪問介護の支給を打ち切られた障害者までいる。また、介護保険では、重度訪問介護のように自由な外出は想定されていないため、結果的に家にしばり付けられる。自由に外出できなくなるんだ。介護保険制度の利用を申請するかどうかは、障害者が自ら決めることなのに（介護保険法は「申請主義」にもとづく法律である）、申請を強要されるケースが目立っているんだ。これが「六五歳問題」と呼ばれるものだ。

この問題に関しては、二〇一八年に、岡山市で浅田訴訟があった。障害福祉サービスを受けてきた浅田達雄さんが、六五歳以降は介護保険制度の利用を強制されるというひどい目にあったんだ。浅田さんは六五歳の誕生日を前に、介護保険の申請をせずに、それまで受けていた障害福祉サービスの継続を求めたところ、岡山市はこれを打ち切った。浅田さんはボランティアによる最低限の支援によってかろうじて生活を維持しようとしたが、その後、やむを得ず介護保険を申請し、有料となった費用を負担してきた。それで、裁判を起こしたんだ。結果、当たり前のことだと思うけど、一審、二審と

**＊37** このおよそ七か月後、僕はまた「蜂窩織炎」を再発した。四〇度の熱が出て患部が腫れた。今回は救急車ではなく、自分で病院に行った（もちろん、別の病院だ）。受診したら「即入院！」という診断だった。最初はこの病院も「新型コロナが…」と言って介助者を断ろうとしていた。でも僕は「それじゃ、安心できない。介助者付きじゃなきゃ入院しない」と頑張った。介助者たちも頑張ってくれて、結果、介助者を付けて入院できることになった（人数は制限されたけどね）。とても安心だった。

この病院には、以前に何度か入院したことがあり「入院時介助」を認めてもらっていた。新型コロナ以降は、入院が必要な場合に備えて何度か相談に行ったけれど、介助者の付添入院について、はっきりした答えはもらえていなかった。けれど、結果的に、その相談が無駄じゃなかったようだ。最初は断ろうとしていた病院も、話しているうちに理解してくれてOKになったんだ。これは「こころのバリア」が砕けた瞬間かもしれないと、一人で思っている。ちなみに今回は、行政の担当者に出てきてもらう必要はなかったけれど、担当者に入院を報告したら「よかったです」と喜んでくれた。

もに勝訴した。

話はそれるけど、この浅田訴訟に、間接的ではあるが僕の運動が役に立ったことを後から聞いた。前に、「遡及的復活」がなされたことを書いたと思う。第二次訴訟を受けて、「とりもどす会」のみんなが粘り強く大田区から勝ち取ってくれた成果だ。

浅田さんと弁護団は、裁判を起こす前の支給について、裁判所はなかなか認めてくれないと考え、一度は裁判をやめようかと考えたらしい。でも、それを聞いた藤岡さんが、安藤さんに僕の「遡及的復活」の資料について問い合わせをしてくれたんだ。そして、藤岡さん経由で弁護団にその資料が渡り、弁護団はそれで前に進もうと思ってくれたとのことだ。僕の運動にも意味があった。うれしい。

ところで、この「六五歳問題」については、浅田さんのほかに、千葉市の天海正克《あまがいまさかつ》さんも訴訟を起こした。天海さんもサービスを打ち切られた。それで天海さんは千葉市に決定取消しなどを求めて訴訟を起こしたんだ。けれど、千葉地裁は、二〇二一年五月一八日に「障害者総合支援法の給付と介護保険を任意に選択できるようにするのは、公費負担の制度よりも社会保険を優先する社会保障の基本的な考え方に背く」という、ひどい判決を出した。

僕はこの裁判の傍聴に行った。不当判決に強く抗議したい！　この裁判は重要な闘いだ。僕は重度訪問介護を利用しているけれど、仮に、天海さんのように居宅介護を使っている中軽度の障害者であっても、介護保険制度の利用申請をしないことを理由に障害福祉を打ち切るなど、許されない。

「六五歳問題」は、二重の差別のうえに成り立っている。僕は幼い頃、みんなといっしょに普通学級に入りたかった。けれども障害のため、分けられてしまった。それからずっと分けられてきた。そのなかで懸命に頑張ってきた。

差別されながらも、僕はいろんなものを積み上げてきた。介助者とケンカしたり、仲直りしながら、いっしょに生きてきたんだ。介助者を育てたのは僕だ。逆に介助者から育てられた覚えもある。彼らとの関係で得られたものは僕の財産なんだ。例えば、僕はただ単に障害者として生きるのではなく、いろんな障害の問題や沖縄の問題とか、労働問題、平和問題に関わって生きるのだと教えてくれたひとは介助者だった。また、僕が介助者にそれらの問題を教えることもあった。この教え／教えられる関係は、かけがえのないものだ。

「六五歳問題」はこれらをぶっ壊してしまう。なぜなら、介護保険サービスの事業所と障害福祉サービスの事業所は別のものだからだ。介護保険に移ったとたん、見知らぬ介助者がやってくる。もちろん、現在は両方やっている事業所もある。「その場合、同じ介助者が来るから別にいいのでは？」と言うひともいるかもしれない。でも違う。細々としたいろんなことが変わらざるを得ないんだ。そもそも、「高齢者」の「自立」と障害者の「自立」とでは概念がまったく異なる。高齢者の「自立」は老化によって失われた機能を以前に戻すことを目的としている。しかし、障害者の「自立」はそうじゃない。サービスを受けながら社会参加していくことが「自立」なんだ。介護保険に移ることで（個々のケースでそれぞれ異なるものの）、介助体制が変化してしまい、介助者との関係が変わらざるを得なくなる。

ただ「高齢者」という枠だけで、僕がつくり上げてきたものを奪い取る。確かに障害のあるなしで分けられているわけではないので、ある意味では健常者と対等だと思えるのかもしれない。でもそれは嘘だ。僕は小さいとき、だまされ、排除された。今回は仲間に入れるよと言われて、またださまされる。僕がつくりあげてきたものを壊そうとしているんだ。本当に仲間に入れてくれる気があるのなら、僕が得たものを壊す必要はない。

僕は六五歳になるとき、介護保険制度の利用申請を拒否して現在に至っている。この問題については以前から知っていたので、七年前から事業所全体で取り組んだ。同じ立場の利用者、介助者たちといっしょに、大田区に掛け合ったんだ。最初は公開質問状を送った。参考のため、それをそのまま載せよう。

公開質問状

二〇一五年一一月

大田区長　〇〇　殿

大田区福祉部長　〇〇　殿

鈴木敬治、利用者の伊藤さん（仮名）、

介助者一同、および、一般社団法人介護事業所スズガモ

いわゆる「六五歳問題」について

この間、いわゆる「六五歳問題」といわれる、介護保険優先の制度的運用をめぐって、障害者の自立生活に支障をきたすような、さまざまな問題点が浮き彫りにされています。

また、このような運用をめぐっては、地域的なばらつきも明らかになり、結果として第三者機関による争いになるケースも各地で起きています。

私たち障害者および介助者は、当事者が六五歳到達以降も、これまで通り障害者総合支援法による介助サービスの継続を希望しています。

大田区におきましては、この「六五歳問題」に関わる運用につき、どのような扱いをされているのか、お尋ねします。

1．これまで、何らかの公的介護サービスを利用してきた障害者の方が、介護保険が適用される六五歳に到達した時点（難病の方は四〇歳到達時点）で、どのような運用・扱いをされてきましたか？

個々の例とともに、統計的資料があれば開示をお願いします。

2．現時点（二〇一五年一一月現在）での「六五歳問題」に対する区としての「扱い」と今後の方向性について。

以上、ご確認のうえ、一ヶ月以内を目処に回答をいただけますよう、よろしくお願いします。

大田区からは案の定、予想していた通りの回答がきた。それは大まかに言えばこうなる。1に関しては「介護保険制度を前提にして、それでは足りない場合、また、使えない場合には障害者福祉サービスで補っている。なお統計資料はない」という返答だ。僕らの選択の権利についてはは何も触れていなかった。でも後日、情報公開を請求し、資料は入手できた。2に関しては「個々の状況に応じた支給決定を行っていく」という答えだった。それ自体は正しいけど、何も言っていないと思う。

僕たちは、そのままでは流れにのまれるだけだと思い、交渉の場を設けた。そしたら、大田区は「介護保険のご案内はさせていただくが、決して強要などしない」と答えた。大田区はかつて、僕の移動をめぐる裁判に二回続けて負けたこともあってか、それ以上、とやかく言ってはこなかった。それが当たり前のことなんだ。でも悔しいのは、僕に対しては、腫れ物でも扱うように何も言ってこないものの、区内の障害者にはいろいろ言って申請させているらしいということだ。

## バリアをつくる弱さ

「津久井やまゆり園」事件（*38）なんかも「こころのバリア」から生じた事件だと思う。当然のことなから、犯人の植松に責任がある問題だ。だけどあれだけのひとが殺されたのは、施設があってそこに障害者が閉じ込められていたからだ。施設はひとのあまり住んでいない場所に建てられる（山の上とか、川のそばとか）。施設の内部はバリアフリーになっているけれど、場所はそうじゃない。はっきり言えば、閉じ込められているんだ。豪雨のときなど、すぐに被害を受けてしまう。それもこれも、当事者も周りの健常者もみんなものを言わないで、そのままにしてしまっているから、障害者は施設に追いやられてしまうんだ。

もちろん、事件はそこにいた障害者たちの責任じゃないことは言うまでもない。みんな一生懸命に何かの形で声を上げてきたはずだ。でも、その声は差別のために押しつぶされてきた。だから、それに逆らって、当事者一人一人が自分のこととして声を上げてケンカしなくちゃいけないんだ。そういった声を上げるのが苦手なひともいるだろうと思う。でも、そこは支援者と当事者が協力してきちんとケンカをしなければいけない。ちゃんとケンカしないと、悲しいことに、こういうことが起きてしまう。

こんなふうに言ってしまうと、やはり疑問をもつひとがいるかもしれない。思っていることをはっ

---

＊38　皆さん知っていると思うけど、一応書いておこう。二〇一六年七月二六日未明に神奈川県の生活介護施設「津久井やまゆり園」で、元施設職員の植松聖（うえまつさとし：当時二六歳）が施設に侵入して刃物で入所者一九人を刺殺したうえ、入所者・職員計二六人に重軽傷を負わせた事件だ。二〇二〇年に死刑判決が確定した。僕は彼を許せないけれど、死刑は執行されてほしくない。生きて最後まで犯した罪と真剣に向きあってもらいたい。

きり言うことが難しい重度の複合障害者や、自力で支援者と「ケンカができない」ひとの場合はどうするのか、と。「津久井やまゆり園」事件は、そういうケンカができないひとを選んで殺していった事件じゃないのか、おまえの言っていることは、強い立場のひとの言葉じゃないか、と。

確かにそういう事件だった。この疑問に対して、正解はないと思うけれど、僕はこう考えている。うまく言えないひとが安心してケンカできるよう、支援者や周りの当事者たちが場所をつくらなければいけないんだ。どんな重度であろうと、そのひとの思いは必ずある。その思いを聞きとる場所をつくることが、とても大事なんだ。僕が聞いた限りでは「津久井やまゆり園」にはその場所はなかった。これは職員だけの問題じゃない。周りのひとたち（当事者、支援者、地域のひとたちも含めて）がそうしていたんだ。前に言ったように、ケンカするためには、いっしょにやらなければいけない。いっしょにやるためには、いろんな立場のひとがそこに集まらなくちゃいけないんだ。そのごちゃごちゃした感じが安心してケンカできるような場所を準備するんだ。施設には、それがいちばん欠けていた。そして、それを僕たちは許していた。そういう意味では、まず僕が僕自身とケンカしなくちゃいけないんだ。「ケンカしなくちゃいけない」という言葉は他人じゃなく、僕自身に向けられなくちゃいけないと思っている。

この事件は全然終わっていない。植松のことをちゃんと明らかにするような裁判ではなかったし、事件の場所となった施設の問題もまだまだだ。いちばん僕が悔しいと思っているのは、被害者の名前がまだ全員は公開されていないことだ（一部の被害者については、やっと明らかになってきた）。それはおかしい！　名前はそのひとの歴史だと思うからだ。

　だから名前は大切に扱うべきだと思う。僕は昔からそう思っていた。この事件とは直接関係ないが、前に書いたように、僕は若いころ、作業所に通っていた。作業所の職員がなぜかいばりはじめて、自分のことを「先生」と呼べと言い、また、僕のことを「敬治ちゃん」と呼び始めた。当時三一歳でどうやっても子どもには見えなかったはずだ。それなのに、職員は僕の名前をちゃんと一人の人間に対するようには扱わなかった。僕は「カチン」ときて考えた。名前はそのひとの歴史であり、重みをもつ。それを大事に扱わないということは、そのひとをちゃんと扱わないってことだと思った。もちろん親しみを込めてあだ名で呼ぶ場合はあると思う。でも、それは、いつでも通用するもんじゃない。こころのバリアは、そこらじゅうにいっぱいある。僕らはそれを一つずつ壊していかなくちゃならないんだ。

　とはいえ、ちょっとカッコつけすぎかもしれない。自分のなかをのぞいていくと、ケンカしなくちゃいけないところで、はっきりものを言うことができなかった弱さが見つかる。

　それは小さいころからある。好きな洋服を着たかったときでも、親に「これを着なさい」と言われれば、心のなかで反発しながら、親の言う通りになっていた。それは少しずつなくなってきたけれど、ずっと残っている弱さだ。「ゆにてぃ」のときの坂口さんとの関係も同じ弱さからきていると思う。また、それほど大きな問題としては表面に出ていないけど、今でもあると思う。

　けっきょく、それは自分との闘いを避けてしまうからだ。他人とケンカするのも必要だけど、それをやるためにも自分自身とのケンカがすごく大事だ。昔、僕はある学校の先生と知り合い、その先生にハッキリ言われたことがある。「キミはもうちょっとていねいに言葉を使わなくてはいけない。でないとこれからの発展につながらないよ」と。この先生の一言を聞き、僕は自分と闘おうと思った。そして事実、闘ってきたつもりだ。このことは、僕の誇りだ。他人と争って勝ち負けを競うのではない。弱いひとを助け、自分と闘わなきゃと考えている。

僕のこれまでの人生はどれだけ自分と闘って勝てたのだろうか？　負け続けてきたと考えることもできるだろう。ただ、完全に勝つこともできないことだと思うから、闘い続けて闘うことをあきらめてはいないという意味では、少しは勝っているのかなとも思う。なかなか面倒な問題だけど、自分が自分であるためには、たぶん、死ぬまで闘わなくちゃならないんだろうと思う。そして自立生活というのは、そういうものなんだろうなとも思う。

# 鈴木さんの闘いを通して自立を考える

北村　小夜

## 誰だって分けられたくない

一九二五年生まれの老婆です。少し離れたところからずっと応援してきたつもりでしたが、振り返ってみると鈴木さんの生きざまに励まされることのほうが多かったような気がします。

旗（日の丸）と歌（君が代）に唆《そその》かされて軍国少女に育ち、戦争をして、戦後、学びなおして教師になりました。すでに日本国憲法や教育基本法が公布されていました。学習指導要領は試案で、国の縛りはゆるやかで、物はなくても文字どおり教育は子どもと教師で作っていくという豊かな毎日でした。

しかし、制度が整うに従って学力水準の向上が叫ばれるようになり、学校は点数を競い合う所になりました。落ちこぼれなどといわれる子どもが目立つようになります。私はそんな出来ない子にも教えられる上等な教師になりたくて改めて特殊教育を学び、一九六五年、大きな抱負を抱いて中学校特殊学級担任として赴任しました。教員仲間は「なりてのない特殊学級担任に資格を持つあなたが来てくれてよかった」と歓迎してくれました。生徒たちもさぞかし喜んでくれると思って教室に行って挨拶をすると、一人の生徒が進み出て「先生も落第してきたの？」と聞くではありませんか。健常児とは別に特別な教室、特別な教材、特別な教師を用意することが障害児や学習の遅れた生徒のためだと学んできましたので、その意味が分かりませんでした。

私がぼんやりしていると彼は私の肩を叩いて「先生なら大丈夫だと思うよ。もう一度試験を受けて普通に戻れば」と言うのです。やっと、ここにいる生徒たちがほんとうは来たくなかったのだということがわかりました。学習の遅れや障害のために普通学級から分けられた悲哀をもって私に同情してくれていたのです。誰だって本当はみんなと一緒に地域で普通に暮らしたいのです。その分けられた悲哀は引き受けようと決心しました。

来たくない人は教育委員会等の振り分けにとらわれず受け入れない、戻れる人は普通学級に戻してきました。しかし、一旦分けられたものが戻るのは容易なことではありません、多くは不本意ながら居続けます。私は分けられた時間を減らそうと普通学級との交流を試みますが、彼らは「一緒がいいならなぜ分けた」と拒みます。分けないことと分けた上で合わせることは違います。などなど共に学ぶ方向に向かって試行錯誤を続けているなか、ある日、一人の生徒が欠席しました、かわりに母親がやって来て「ようやく入れることになりました。明日出発します」と言うのです。そこは〇〇県にある収容施設で、「以前から申し込んでいたのですが、なかなか空きができず今日になってしまいました」。驚く私に続けて「この子の将来について考えて選んだことです。この機を逸したらいつになるかわかりません」と言うのです。せめてお別れの会でもと言いましたが「少しでも早くあちらに馴染《なじ》まなければなりません」と断られました。情けないことですがこの時、一介の教師である私には本人の意思を確かめるすべもありませんでしたが、障害を持つ生徒の進退が保護者によって左右される実態に愕然としました。と同時に障害者自身の自己決定権確立の必要を考えました。

### 誰だって自立したい

日本も批准している障害者権利条約一九条の「自立した生活及び地域社会への包容」は「全ての障害者が他の者と平等の選択の機会をもって地域社会で生活する平等の権利」を完全に享受できるようにするための措置を締結国に求めています。二〇二二年八月に行われた国連の「障害者権利条約」の日本の実施状況について行われた審査では、分離教育の中止とともに施設からの地域移行が勧告されています。日本でも地域移行を進めてはいますが遅々として進まず、このところ、新規入所者が移行者を上回るという現実があります。そこには障害者と、抱えた家族に対する地域社会の不寛容があります。

暖かい家族に育まれてきた鈴木さんは、三〇歳になって一人暮らしを始めています。契機は、何かと支えてくれていた妹さんの結婚式に、両親が世間体を気にして出席出来なかったことです。家を出て自立生活をしたいという思いが固まりました。そんなある日、家族みんなで鈴木さんを施設に入れる相談をしているのを聞いてしまいます。成人した鈴木さんは米屋という家業を手伝いながら地域社会で当たり前に生きていくつもりでしたので大いに反抗して父親に殴られました。能率が悪いので忙しくなると「邪魔だ」と言われます。暖かい家族であっても障害者に不寛容な社会の構成員でもあります。日本固有のものではないでしょうが、教育の力もあって分際を弁《わきま》えるという道徳が身についているようです。

その教育ですが、戦争という大きな犠牲を払って得た日本国憲法は、すべての国民の基本的人権の享有を妨げないことを明記しています。しかしそれが根付かない一九五八年、日本の文部省（現文部科学省）は道徳教育を復活させ、二〇一八年度からは教科化し、善悪・正直・勇気・感謝・礼儀・親切・規則・公平・勤労・公共・家族愛・伝統文化の尊重・国や郷土を愛する・国際理解・生命の尊さ・感動・畏敬の念など二二の徳目を具体化した検定教科書を使って授業を行っています。その中には「自由」「平等」「平和」など憲法的価値と一致するものもありますが、子どもたちの手に渡る教科書の記述は極めて小さく、一方「家族」「学校」「家族愛」「節度」「規則」「公共の精神」等の集団帰属や集団を束ねるための規範はこれでもかというほど並べられています。さらに「父母・祖父母への敬愛」や「国を愛する」など憲法に反する疑いがもたれるような徳目もあり、障害者の弁えを促し、健常者は思いやりをもって接するという、戦前の修身道徳観を彷彿とさせます。

また多くの障害児が学ぶ特別支援学校の学習指導要領第7章は「自立活動」で、「第1　目標」には、「個々の児童又は生徒が自立を目指し、障害による学習上又は生活上の困難を主体的に改善・克服するために必要な知識、技能、態度及び習慣を養い、もって心身の調和的発達の基盤を培う」

とあり六項目にわたって内容が示されていますが、自立と言いながら要は迷惑をかけず、摩擦を起こさない生き方を教えようというのです。

かつて、特別支援学校（盲）で十分な「自立活動」を身につけて普通高校に入学した「T」さんの第一声は「自立とは何でも自分でできることではなくて、みんなの中で生きることだ」でした。

**家庭内自立を踏み台に社会的自立を**

鈴木さんは「おまえ一人で暮らしているんだってな」を良い言葉だと言っています。アパートで暮らすようになって障害者運動の集まりの後、仲間と飲みに行った時、同行の若い脳性マヒのひとの言葉です。

自立を目指して家を出る決心をして「家を出たい」というと止められ「自立したいんだったら施設に行けば」と言われますが、断固として「施設にはいきたくない！　自分で自立生活をしたいのだ」と主張し（この時の決意表明がのちの家族との程よい関係になっています）、すったもんだの末、親のあきらめを勝ち取り、家を出ることになります。ここが肝心なところです。鈴木さんは親のあきらめを勝ち取って、家庭内での自立と社会的自立を果たしました。「自分が何をしたいか、何をなすべきかを行動を起こす時が来たんだ。家庭内での自立を踏み台にして、社会的自立へと一歩踏み出したのだ。」という強い決意が読み取れます。

以来、鈴木さんは障害者運動をはじめ様々な運動にかかわりますが、すべて原点は「家庭内での自立を踏み台にして社会的自立へ踏み出した」ということにあります。以来、世間並みに仲間や介助者との人間関係にも悩んだりしながら実績を積み重ねて来ました。実績は毎年大勢の仲間が楽しみにしている共生共走マラソンなど数え切れませんが特筆すべきはなんといっても、二次に及ぶ裁判を経て移動支援の自由を勝ち取ったことでしょう。鈴木さんの移動介護の時間を削るという行政に対して自分個人の問題ではなく障害者全体の問題として、障害者の社会参加の自由のために闘うと決意した鈴木さん、一体となって闘う弁護士、障害者仲間、みんなよく頑張りました。この闘争を通して障害者の移動支援の自由に目覚めた人も少なくなかったと思います。

いま、目覚めた障害者は「私のことを私抜きで決めないで」と言います。しかし、それは世間に対しては大声で言えてもまだ家族のなかではむずかしいことではないのでしょうか。現在でも施設入所者や支援教育関係の学校など分離された所の在籍者の多くは保護者の意向のようです。

かつて「鈴木さんは特別だから」とか、「鈴木さんだから」という声がありましたが、読んでいくうちに鈴木さんは自分の意志に従う当然のことを当り前にこなしてきたことがわかります。学ぶべきことです。

この本を手に、挙《こぞ》って共生社会を目指しましょう。

# おわりに

僕は、この本を書くことで、これまで自分がたどってきた歴史を示そうと思った。それを書くことにどんな意味があるのか？　少なくとも僕にとっては、それは「ともに生きる」ということを考えるために必要なことだった。

「ともに生きる」、この言葉は、いろんなところで使われているし、いろんなひとたちが言っている。でもそれは本当にはどういうことなのか、僕にはわかっていない。

僕はよくいろんな場所に顔を出す。福祉の勉強会にも顔を出す。そうすると「共生社会」とか「インクルーシヴ教育」とか「社会モデル」とか、わりとカッコいい言葉が出てくる。それ自体は正しいと思う。でもそこで話しているのは福祉の専門家たちである場合が多い。聞いていると間違ってはいないと思うけど、なんか上滑りしている感じを受ける。

なぜだろうと考え、周りをよく見渡してみると、そこには「強いひと」と「弱いひと」がいる。そして「強いひと」は往々にして「弱いひと」のことを見ていない。それがしっくりいかない原因だと思っている。

この本の冒頭で言ったように、世の中には「強いひと」と「弱いひと」がいる。いろんな意味で、だ。たいていは「強いひと」の意見が通り、「弱いひと」の意見は聞かない。「いや、聞いているよ！」というひともいるかもしれないけど、本当は聞いていない、聞くことができないのだと思う。「弱いひと」の言葉は、言葉にならないうめきのようなものだ。これを聞き取らなくちゃなんにも変わらない。同じことが続いていくだけだ。どうやったら、その声を聞くことができるのだろうか？　それができたら、これまでのものはすべてひっくり返るはずだ。それが「明日につながる希望」なんだ。

僕は「強いひと」でもあり「弱いひと」でもある。障害者が弱い立場にあるという意味では弱い。でも、事業所を立ちあげてひとに働いてもらっているという意味では強い。また、ひとに操られたという意味では「弱いひと」だろうし、入っているヘルパーにとっては権力をもった「強いひと」だと思う。こんがらがってくる。

むかし、子どものころ、親からいろんなことを言われて反発していた。「一＋一＝二」だろうと言われても「一＋一＝四かもしれない」と言っていた。そんなふうに反発して生きてきた。そんな感じなので、僕は三〇歳のころに死ぬんだろうなと思っていた。でも今、七〇歳になっても元気で生きている。その意味で「強いひと」かもしれない。しかし、「強い」ということは間違いなく「弱いひと」を押しつぶしてきたことでもある。本当に、本当に悔やまれる。

「弱いひと」の意見をどうやって聞き取るのか？　決まった答えはない。だとしたら、僕も含めたそれぞれが、生きていくなかで悩みながら、自分なりの答えを出していくしかないと思う。その意味で、この本は僕の現時点での答えだ。それが良い答えなのか、悪い答えなのかは、まだ僕はわかっていない。とりあえず、僕の答えをみんなに示すしかないんだ。

この場を借りて、いろんなひとたちにありがとうと言いたい。まず、僕のこの本にすてきな絵を載せる許可をくれた神矢努さんに感謝したい。彼は「東京南部労働者組合」の仲間なんだけど、とてもいい絵を描いているんだ。次いで素晴らしい文章を寄せてくれた三井絹子さん、北村小夜さんにも感謝したい。僕にはもったいないと思ったくらいの文章だ。僕の親や妹たちにも感謝したい。当たり前だけど、彼らがいなければ僕はいない。さらに、僕の大事な友だち・仲間たちに感謝する。彼らは僕の人生をとても豊かにしてくれた。今回は特に名前をあげておきたいひとがいる。介助者の伊藤啓輔さんだ。夜な夜な僕と話しながら、この本の執筆を手伝ってくれた。

そして最後に、山吹書店編集部の浦松祥子さんに感謝したい。この本の原稿を読んでくれて「出版する意味がある」と言ってくれた。とてもうれしかった。

二〇二二年一二月一日

鈴木　敬治

著者紹介

## 鈴木敬治（すずき　けいじ）

1952年、東京都大田区生まれ。脳性マヒ。

2004年に行政が不当に移動時間を削減してきたことを契機に、支援者とともに「鈴木敬治さんと共に移動の自由をとりもどす会」を結成する。「第一次鈴木訴訟」（2006年判決）、「第二次鈴木訴訟」（2010年判決）を闘い、2度とも実質的な勝利を勝ち取る。

現在、介護事業所スズガモ共同代表。全国公的介護保障要求者組合・書記長。「だれもがともに!!　共生共走五時間リレーマラソン」代表。また、「『骨格提言』の完全実現を求める大フォーラム」や「交通行動東京実行委員会」でも活動中。

# ともに生きる
## 僕の自立生活と人生ありのまま

著　者　**鈴木敬治**

2023年2月10日　初版発行

絵　神矢 努
装幀　コバヤシハジメ(FBG)
編集協力　竹内夏子
DTP　山吹書店製作部

発行者　浦松祥子
発行所　山吹書店
〒180-0005 東京都武蔵野市御殿山1-6-1 吉祥寺サンプラザ306
TEL 0422-26-6604　FAX 0422-26-6605
メール yamabuki@za.wakwak.com
http://yamabuki-syoten.net/

発売元　JRC
〒101-0051 東京都千代田区神田神保町1-34 風間ビル1F
TEL 03-5283-2230　FAX 03-3294-2177
http://www.jrc-book.com/

印刷・製本　日本ハイコム株式会社

ISBN　978-4-86538-134-4　C0036



---

視覚障害などの理由でこの本をお読みになることができない方のために、私的な利用に限り、テキストデータをご提供します。電話またはメールで山吹書店にお問合せください。
その後に左下の引換券をお送りいただきます。

キリトリ線

テキストデータ
引換券
**ともに生きる**

## 生きている！殺すな

**やまゆり園事件の起きる時代に生きる障害者たち**

「生きている！殺すな」編集委員会 編

**《音楽 CD 付き》歩笑夢：19 の軌跡　ラブ･エロ･ピース：死んでない 殺すな**

（著者）小田島榮一　見形信子　篠原由美　木村英子　実方裕二　猿渡達明　熱田弘幸　西田えみ子　安平有希　新居大作　加藤真規子　山本眞理　尾上裕亮　横山晃久　髙見元博　古賀典夫　菅原和之　佐藤 孝　宮﨑 一　高橋慎一　渡邉 琢

優生思想にもとづいたやまゆり園事件の起きる時代への対抗として、障害のある人や親、支援者の 21 人が、困難と向き合いながら、いきいきと生活する姿を自ら描く。

1800 円

## 健太さんはなぜ死んだか

**～警官たちの「正義」と障害者の命**

斎藤貴男　著

もし、その青年が障害者でなかったならば……事件は同じように起きて裁判は同じ経過をたどっただろうか。

障害のある青年が不審者とまちがわれて取り押さえられて亡くなった事件の迫真のルポルタージュ。

1500 円

## 支援を得てわたしらしく生きる！

**24 時間ヘルパー介護を実現させる障害者･難病者･弁護士たち**

介護保障を考える弁護士と障害者の会全国ネット　編著

当事者と弁護士たちが行政を動かして介護保障を獲得した 10 の事例。

著者は、重度の障害を持っていても地域であたりまえに暮らすことができるよう、権利としての介護保障の実現をめざして介護支給量訴訟（行政不服審査や行政交渉を含む）に取り組んできた弁護士と、障害者が共同して立ち上げたネットワーク。

2000 円